कुछ निकट से
कुछ दूर से

हिमांशु जोशी

डायमंड बुक्स

www.diamondbooks.in

प्रकाशक : डायमंड पॉकेट बुक्स (प्रा.) लि.
X-30, ओखला इंडस्ट्रियल एरिया, फेज-II
नई दिल्ली-110020
फोन : 011-40712200
ई-मेल : wecare@diamondbooks.in
वेबसाइट : www.diamondbooks.in
संस्करण : 2024

Kuchh Nikat Se : Kuchh Door Se
by *Himanshu Joshi*

दो शब्द

सन् 1955 में पहली बार उत्तराखण्ड से दिल्ली पहुंचे थे यशस्वी कथाकार हिमांशु जोशीजी। काम की तलाश में। यहां एक अलग दुनिया, अलग वातावरण दिखा उन्हें। पहाड़ों की हरियाली और ठंडी हवाओं के बीच रहने वाले युवा हिमांशुजी को दिल्ली की भीषण गर्मी से सामना हुआ। किसी रिश्तेदार के यहां कुछ समय व्यतीत किया किशनगंज में। ट्यूशन पढ़ाते कभी। तो कभी पत्र-पत्रिकाओं के लिए कहानियां, लेख लिखकर गुजारा चलाते। गर्मी के दिनों में प्याऊ का पानी पीकर वे किशनगंज से दरियागंज जाते ट्यूशन पढ़ाने–पैदल ही। दो आने का बस के टिकट खरीदने के लिए पैसे नहीं थे। घोर संघर्ष इन्हीं दिनों में उनकी मुलाकात यशस्वी कथाकार जैनेन्द्र कुमारजी से हुई। बहुत प्रभावित हुए उनसे। उनके पूर्वोदय प्रकाशन में कार्य भी किया डेढ़ वर्ष तक।

जैनेन्द्र जी की प्रेरणा से उनका साहित्यकारों, संपादकों, बुद्धिजीवियों से भी परिचय हुआ। उनकी 'शनिवार बैठक' में तो दिल्ली के प्रमुख साहित्यकारों का जमघट होता ही था। प्रत्येक सप्ताह जैनेन्द्रजी के दरियागंज स्थित कार्यालय में सभी आपस में विचार-विमर्श करते किसी लेखक की कहानी, उपन्यास या कविता पर।

सन् 1956 से ही हिमांशुजी ने दिल्ली स्थित प्रमुख साहित्यकारों, कलाकारों, संपादकों से साक्षात्कार लिए और लेख भी प्रकाशित किए। प्रस्तुत पुस्तक में प्रकाशित लेख 'नवभारत टाइम्स', 'साप्ताहिक हिन्दुस्तान', 'दैनिक हिन्दुस्तान' आदि पत्र-पत्रिकाओं में प्रकाशित हो चुके हैं।

आचार्य काका कालेलकर और जैनेन्द्रजी के बृहद परिवार के हिस्सा रहे हिमांशुजी।

महान मूर्तिकार रामसुतार और यशस्वी कलाकार सतीश गुजराल का सर्वप्रथम हिन्दी में साक्षात्कार और लेख हिमांशुजी ने लिखा। यह वही रामसुतारजी हैं जिन्होंने भारत में सरदार वल्लभ भाई पटेल की विश्व की सबसे ऊंची प्रतिमा का निर्माण किया। जो लगभग 182 मीटर ऊंची है। जब सन् 1963 में उन्होंने 'चंबल की बेटी' प्रतिमा बनाई जो मात्र 33 मीटर ऊंची थी। और उस समय सबसे ऊंची प्रतिमा मानी गई थी भारत की।

बहुत कम पाठक आज महान संगीतज्ञ ब्रह्मानन्द, विख्यात शल्य चिकित्सक डॉ. आत्मप्रकाश, प्रसिद्ध भाषाविज्ञ डॉ. रघुवीर, सुविख्यात नाटककार पं. गोविन्द वल्लभ

पंत, सुप्रसिद्ध आलोचक शान्तिप्रिय द्विवेदी और जैन धर्म के उद्‌भट विद्वान महाप्रज्ञ पं. सुखलालजी के विषय में जानते होंगे। शायद ही उन्होंने इन गुमनाम महान व्यक्तियों के विषय में पढ़ा हो कभी।

प्रस्तुत पुस्तक में अनेक संपादकों पर भी लेख हैं जिनसे हिमांशु जोशीजी मिले। जिनमें रामानन्द 'दोषी', राजेन्द्र शर्मा, महावीर अधिकारी, भवानीप्रसाद मिश्र, रामचन्द्र तिवारी आदि भी हैं।

लेखों को लिखने में हिमांशु जोशीजी ने साक्षात्कार को भी माध्यम बनाया। लेखों को पढ़ते समय साक्षात्कार-सा अनुभव भी होता है।

इन दुर्लभ लेखों को संग्रहित कर एक पुस्तक के रूप में प्रकाशित करना ही मात्र उद्देश्य नहीं है, बल्कि इन गुमनाम यशस्वियों के बारे में बताना जरूरी था जो समय की आंधी में कहीं खो गए हैं। आज इनमें से अधिकांश के नाम और कार्यों के विषय में लोग नहीं जानते। यह हमारे समाज का दुर्भाग्य नहीं तो क्या कहें इसे।

हिमांशुजी ने सैंकड़ों लेख लिखे और साक्षात्कार भी लिए अपनी पत्रकारिता के दौरान। आज यह कुछ दुर्लभ लेख हैं पाठकों के सामने। आशा ही नहीं, विश्वास भी है कि हिमांशु जोशीजी के लोकप्रिय उपन्यासों और कहानियों की तरह लेखों का संग्रह भी पसंद आएगा पाठकों को।

❑

प्रकाशकीय

हिमांशु जी प्रतिभा के धनी थे। उनकी सादगी और उनका असाधारण व्यवहार लोगो को दूर से ही आकर्षित करता था। उनका पहाड़ीपन उनके अन्दर हमेशा से रहा, जो उनके साहित्य में साफ झलकता है। उनके साहित्य की विशेषता यह थी कि एक नयापन होने के साथ अपनी मार्मिक जिजीविषा को साथ लिए होता है।

जोशी जी खुद ये बात कहते हैं कि 'पर्वतीय जनजीवन में विषमताएं हैं वैविध्य है। संघर्ष भी कम नहीं है। किंतु इनके साथ-साथ मानव-मन की निश्छलता, उदारता, सहिष्णुता आदि मानवीय गुण भी कम नहीं हैं। भले ही प्रकृति ने उन्हें अधिक संपन्नता न दी हो, किंतु आंतरिक उदारता अवश्य प्रदान की है। वहां का भोला-भाला जीवन, वहां की निर्व्याज आत्मीयता, अपनापन कहीं आज भी प्रेरित करता है।' यही बात उन्हें और उनके साहित्य की ओर आमजन को आकर्षित करता है। जोशी जी नाटक, कविता, उपन्यास और कहानियों के बादशाह तो थे ही साथ ही एक अच्छे मीडियाकर्मी भी थे इनके सम्पादन का कार्य बहुत ही सराहनीय रहा।

आपके उपन्यास "कगार की आग" पर रेडियो धारावाहिक खूब पसंद किया गया साथ ही "तुम्हारे लिए" उपन्यास का धारावाहिक दूरदर्शन पर प्रसारित किया गया। "सु-राज" कहानी पर बनी फिल्म अंतरराष्ट्रीय फिल्म समारोह में भारत का प्रतिनिधित्व किया।

इनके साहित्य का संसार इतना बड़ा है कि इस पर एक अलग से पुस्तक लिखी जा सकती है।

इनका साहित्य प्रकाशित कर बहुत ही गौरवान्वित महसूस कर रहा हूँ। आशा करता हूँ कि पाठकों को इनका साहित्य प्रेरित करेगा।

–नरेंद्र कुमार वर्मा

nk@dpb.in

अनुक्रम

समन्वय-संस्कृति के प्रतीक आचार्य काका कालेलकर

दृष्टिकोण : एक

काठ की तख्ती को जगह-जगह झुलसाकर बनाया गया- गांधीजी का एक चित्र... शोभियाने सुनहरे परदों से घिरा एक नीला कमरा... जिसमें मिस्र के पिरामिड, अफ्रीका के आबनूसी आदमी, सिंहल के नर्तक, ब्रह्म-देश के हाथी, 'अरुणोदय' के स्वर्ण-अंकित पट, हिम-शिखरों के रुपहले दृश्य और दूर दीवार पर- ह्वेनसांग पीठ पर पाण्डुलिपियां लादे चीन की ओर बढ़ा जा रहा है।

'इतने वर्ष बीत गए, अभी तक इस दीवार की दूरी को ही पार न कर पाया तो चीन की लंबी दूरी कैसे पार कर पाएगा?' काका से कभी पूछना चाहता हूं, पर पूछ नहीं पाता।

बहुत साल पहले काका माओ के अतिथि बनकर चीन गए थे, तब उनके साथ यह बेचारा ह्वेनसांग भारत चला आया था। तब से यहीं पड़ा है। राजघाट पर काका की 'सन्निधि' छोड़कर अब कहीं भी जाना नहीं चाहता। कहता है- 'अब कैसे सारनाथ और बोधि गया के दर्शन करूं। बुद्ध की पवित्र भूमि, गुरु भारत पर आक्रमण करके मेरे कृतघ्न देश ने मेरे निष्कलंक माथे पर कलंक का वह टीका लगा दिया है, जो शताब्दियों तक भी ह्वांग हो के सारे जल से धुल नहीं पाएगा...।'

काका मानवतावादी हैं। शांतिवादी हैं। ह्वेन-सांग के अन्तर की वेदना भली-भांति जानते हैं। शायद बहुत पहले से जानते हैं। तभी तो चीन जाने के पहले ही उन्होंने कहा था, 'हमारे दोनों देशों के बीच शक्ति-संतुलन नितान्त आवश्यक है। यदि कहीं भी असंतुलन रहा कि एक दूसरे की शांति, स्वाधीनता ही नहीं, अस्तित्व भी खतरे में पड़ जाएगा।'

गांधीवादी काका यह कैसी बातें करते हैं! हमारी समझ में नहीं आता था।

'हिन्दी-चीनी भाई-भाई' के गगन-भेदी नारों के बीच काका के कण्ठ का अकेला स्वर न जाने कहां दब गया था। लेकिन लगता है वह दबकर भी दब न पाया था।

आज एक प्रश्न चिह्न बनकर हमारे सामने खड़ा हो गया है–यदि तब इस ओर हम तनिक भी ध्यान दिए होते तो...

बोमदी-ला चला गया है। वालोंग पर हमारी रक्षा पंक्ति टूट रही है। हमारा अजेय चुशुल रक्त-रंजित शवों से पटा जा रहा है। सारे देश की प्रतिष्ठा दांव पर लगी है। 44 करोड़ लोगों की आंखें सरहद पर टिकी हैं। एक-एक इंच धरती की रक्षा के लिए। हमारे हजारों सेनानी हंसते-हंसते अपने प्राणों की आहुति दे रहे हैं।

काका इस तरह चुप क्यों हैं! जिस स्वाधीनता के लिए वे जीवनभर संघर्ष करते रहे, आज उस पर आंच आती देख उन्हें अचरज क्यों नहीं होता! किसी की समझ में नहीं आता।

''आज करिअप्पा के बारे में सुना रहे थे काका,'' एक दिन मैं उद्भ्रान्त-सा उनके पास पहुंचता हूं, ''कि यदि इसी गति से चीनी सेनाएं आगे बढ़ती रहीं तो केवल दो-तीन ही दिनों में एक दूसरा दृश्य उपस्थित होने वाला है। जलपाइगुड़ी की 14 मील चौड़ी गर्दन कटते ही- असम का तेल क्षेत्र, सारा असम, नेफा, नगालैंड, मणिपुर-त्रिपुरा, सिक्किम और भूटान सब हमारे हाथ से निकल जाने वाले हैं।... अंत में करिअप्पा कहते थे- लड़ाई भाषण देने से नहीं, लड़ाई लड़ाई से लड़ी जाती है।''

काका इस तरह से मेरी ओर देखते हैं, जैसे यह सब वे बहुत पहले से जानते थे।

''सचमुच हम हिमालय की रक्षा करने में असफल रहे।'' काका तनिक रुककर कहते हैं- ''आज प्रतिरक्षा की तैयारी, आग लगने पर ठीक कुआं खोदना जैसा है। अपनी तैयारियों के लिए परमात्मा ने हमें 15 साल का समय दिया और हमने...'' काका चुप हो जाते हैं।

क्षण भर सन्नाटा रहता है।

फिर धुंधली पलकें नीली छत की ओर मुड़ती हैं। जैसे अतीत में कुछ ढूंढ़ रही हों। ''मैंने बहुत वर्षों पहले राज्यों के पुनर्गठन के समय स्वराष्ट्र मंत्री पन्तजी और फैजी, पणिक्कर, कुंजरू आदि से कहा था कि राष्ट्र की सुरक्षा एवं आंतरिक एकता के लिए आपको इस भाषावार प्रान्तों के ढांचे में थोड़े-से परिवर्तन करने चाहिए। 2300 मील की उत्तरी सीमा की रक्षा के लिए हमारे पास क्या है? भले ही तिब्बत या चीन से आज हमारे मैत्री संबंध हैं, लेकिन आने वाले कल में भी रहेंगे, इसकी आपके पास क्या गारंटी है! जिस तरह से यह सब हो रहा है, मुझे लगता है, उससे हम हिमालय की रक्षा नहीं कर सकते। इसलिए कहता हूं कि हिमालय की रक्षा का दायित्व हिमालयवासियों पर सौंपा जाए। सैनिक-दृष्टि को ध्यान में रखते हुए पर्वतीय-प्रांत बनाए जाएं। वहां के लोगों को सैन्य-प्रशिक्षण दिया जाए! ...महाराष्ट्र के शिवाजी के वंशजों को भी कहीं-कहीं उत्तरी पहाड़ियों में बसाया जाए, जो गुरिल्ला-युद्ध में आज भी

अग्रणी हैं। इस तरह हमारी सांस्कृतिक या भावात्मक एकता ही नहीं, खतरे के समय देश की सुरक्षा भी सरलता से हो सकेगी।

"और जिस तरह हिमालय की रक्षा हिमालयवासियों से ही संभव है, उसी प्रकार सागर से जूझने वाले वरुण के बेटे ही हमारी हजारों मील लंबी सागरीय सीमा की रक्षा कर सकते हैं। ...हमारे पास आज कुल कितने युद्ध-पोत हैं।?" काका ने प्रश्नसूचक दृष्टि से देखकर स्वयं ही उत्तर दिया–"फिर इनसे हम कितनी सरहद सुरक्षित रख सकते हैं!... फिर...!" काका की मुद्रा गंभीर हो आयी।

"तो–अब क्या सोचते हैं?" रुककर मैंने कहा, "अब तो शत्रु द्वार तक आ गए हैं।"

"आ गए हैं तो उनका हार्दिक स्वागत भी करेंगे," काका अपनी अम्लान हंसी में सहसा जोर से हंस पड़े, "वे जिस भावना से आए हैं, उसी भावना से उसका उत्तर भी देना है। ...जो लोग सशस्त्र सेना की शक्ति पर विश्वास रखते हैं वे उसमें जाएं, शेष विनोबा की शांति सेना में। मुझे लगता है अगर आज गांधीजी होते, तो वे भी यही कहते।"

काका उस समय अधिक न कह पाए। चुप हो गए। लेकिन बेछड़ी के सर्वोदय सम्मेलन में चुप न रह सके। मंच पर चढ़कर सबसे पहले काका ने ही कहा था, "मैं 78 बरस का बूढ़ा हो चला, इसलिए किसी भी किस्म की रियायत नहीं चाहता। शांति सेना का जो दल मोर्चे पर जाएगा, उसमें मेरा नाम अवश्य सम्मिलित होना चाहिए। देश की सेवा मुझ बूढ़े से जिस रूप में भी हो सकेगी, मैं मरते दम तक करूंगा।"

काका जन्मजात लेखक हैं। लोग समझते हैं–काका कलम चलाना ही जानते हैं। काका जन्मजात गांधीवादी हैं–लोग समझते हैं कि काका चरखा चलाना ही जानते हैं। काका जन्मजात आचार्य रहे हैं–लोग समझते हैं कि काका पढ़ाना ही जानते हैं। कम लोगों को ज्ञात होगा कि काका बंदूक चलाना भी जानते हैं। भले ही अब उस पर आस्था नहीं तो क्या हुआ।

काका अनुभवों के धनी हैं। जीवन को उन्होंने बहुत करीब से देखा है। परखा है। इसलिए वे व्यावहारिक हैं, दूरदर्शी हैं। हर प्रश्न को 'देश का प्रश्न' पर सोचते हैं। कभी-कभी मुझे सहज ही विस्मय होता है कि काका गांधीवादी होते हुए भी सैनिक-दृष्टि से इतने विशाल अनुभव रखते हैं कि हमारे सेना-विशेषज्ञों को भी सलाह दे सकते हैं।

आज इस जीवन की संध्या में पहुंचकर भी हमारे राष्ट्र की, राष्ट्रभाषा की बहुत-सी समस्याएं 'संन्यासी काका' को संन्यासी बनने से वंचित रखती हैं। वे कहीं भी घड़ी भर चैन से ठहर नहीं पाते। बिना यश की लालसा के, परदे के पीछे रहकर अपना कार्य करते रहते हैं।

काका के पांवों पर पंख हैं–लोग कहते हैं–काका का निसर्ग के प्रति अनोखा आत्मभाव है, तभी तो हिमालय को 'अपना घर' कहते हैं। नक्षत्र विद्या में वे गांधीजी

के गुरु बनते हैं। दुनिया भर का भ्रमण करते हैं। प्राणों को हथेली पर धर कर अफ्रीका के बीहड़ वनों में सृष्टि का सच्चा सौंदर्य खोजने के लिए भटकते हैं।

लेकिन काका इन सबमें डूबकर भी इन सबसे परे हैं–देश की बहुत-सी समस्याओं में उलझे रहते हैं। अभी कुछ महीने पहले मैं कुछ सीमान्त-क्षेत्रों से होकर आया था। मिला, तो काका ने 'अपने घर हिमालय' की बात न पूछकर, सीमा की स्थिति की बात ही सबसे पहले पूछी।

'सीमा का प्रश्न' काका को मथता रहता है। अभी चंद दिन पूर्व न जाने क्या सोचकर नेफा की ओर निकल पड़े। बोमदी-ला गए। सेला गए। तवांग गए। न जाने कहां-कहां गए। इस 78 वर्ष की अवस्था में सैकड़ों मील की दुर्गम यात्रा जीप पर बैठकर तय कर आए। 17 हजार फीट ऊंचे पहाड़ों को भी पार करना न भूले। काका पहले एम.पी. हैं जो इतनी दूर तक, इतनी ऊंचाई तक नेफा क्षेत्र में गए हैं। नेहरूजी भी केवल बोमदी-ला तक जाकर ही रह गए थे।

इतनी कठिन यात्रा के पश्चात् भी काका थके-से न लगते थे। कहते थे–'हमारा 'ईशान्य' (काका ने नेफा का नया नामकरण किया है) विश्व में सबसे सुंदर प्रदेश है। मैंने दुनिया भर का भ्रमण किया, लेकिन सृष्टि का ऐसा वैभव कहीं भी नहीं पाया। वे बहुत अच्छे सैनिक हो सकते हैं उनकी हिन्दी के प्रति रुचि देखकर मुझे आश्चर्य हुआ। और इससे अधिक आश्चर्य तब हुआ जब गुजराती-भाषी, पारसी, जनरल मानेक शॉ (नेफा क्षेत्र के सेनापति) ने मुझसे धाराप्रवाह हिन्दी में बात की।''

'हिन्दी' के साथ-साथ काका की आकृति में अनोखी संतुष्टि का अनोखा दिव्य-भाव उभर आया।

अंत में काका बोले, ''मैं अब अपने अंतिम दिन ईशान्य में ही बिताने का विचार कर रहा हूं। मेरी अस्थियां यमुना, गंगा या गोदावरी, माण्डवी या कावेरी में विसर्जित न होकर, यदि ब्रह्मपुत्र या लोहित में हुईं तो क्या हर्जा है?''

काका मराठी-भाषी हैं। गुजराती के प्रमुख लेखक हैं। जीवन भर राष्ट्रभाषा की सेवा का व्रत रखते हैं। किसी भी भाषा या प्रदेश विशेष का अपने को नहीं मानते। महाराष्ट्र में पैदा होकर हिमालय को 'अपना घर' बताते हैं। वस्तुतः कन्याकुमारी से कश्मीर, कच्छ से कामरूप तक एक भी इंच धरती ऐसी नहीं जो काका का घर होने से वंचित रही हो। फिर काका सचमुच ही किसी दिन अपने ईशान्य चले जाएं तो अचरज नहीं।

गांधीजी के बाद विनोबा और काका कालेलकर आदि ही कुछ सच्चे अर्थों में, सच्चे गांधीवादी रह गए हैं, जिनसे हमारे राष्ट्र को, हमारी राष्ट्रभाषा को बहुत-सी उम्मीदें हैं। काका को तो अभी शतायु होना है, फिर अभी से ऐसी विराग की बातें क्यों करते हैं?

❑ **(सन् : 1963)**

वह सूर्य कब उगेगा! : आचार्य काका कालेलकर

दृष्टिकोण : दो

वृक्ष की शाखाएं जितनी दूर ऊपर तक विकसित होती हैं, उतना ही फैलाव भूमि के भीतर भी रहता है। काका कालेलकर का व्यक्तित्व बूढ़े वट की तरह है–विशाल। उन्होंने चौराहे पर खड़े होकर समूचे विश्व को निरखा-परखा है। एक समूचा युग अपने सामने से होकर, चौराहे पर से गुजरता हुआ देखा है।

काका ने अनुभवों के अतल सागर में गहरे डूबकर ज्ञान के अगणित मोती बटोरे और बिखेरे। जग से जितना लिया, सब्याज उससे अधिक लौटाया–मूलधन फिर भी कम न हुआ। आजन्म ब्राह्मण-वृत्ति के होने के कारण कृपण नहीं सदैव सहृदय एवं उदार रहे।

अस्सी वर्ष की अवस्था में पहुंचकर भी काका न तन से शिथिल हुए, न मन से। उनका अमित उत्साह बड़ा बलवान है। उनमें नवीनता के प्रति एक ललक-बाल सुलभ जिज्ञासा है। बड़े कुतुहल के साथ वे हर नए विषय को जानने की उत्कण्ठा रखते हैं। वय के साथ-साथ उनमें बासीपन नहीं आया। उनके व्यक्तित्व की यह सबसे बड़ी विशेषता है।

उनकी आये-दिन की यात्राओं ने, निसर्ग के संसर्ग ने, विज्ञान-मिश्रित अध्यात्म ने तथा अंतहीन जिज्ञासाओं ने उन्हें सदैव जीवन्त एवं जाग्रत रखा है।

यही कारण है कि काका सदैव धर्मों की, खण्ड-प्रदेशों की, भाषाओं की, राजनीतिक सीमा-रेखाओं की परिधि से मुक्त रहे। किसी प्रकार की संकीर्णता का सांचा उन्हें अपने अनुरूप न ढाल पाया।

वास्तविकता के धरातल से दूर, आदर्शों के मात्र उपग्रहों में रहना और जीना उन्होंने सीखा नहीं। वे आदर्शों को, सिद्धांतों को प्रयोग की कसौटी पर कसे बिना स्वीकार नहीं कर पाते। उनकी दूर-दृष्टि वर्तमान से एक युग आगे का भविष्य देखती है। अतीत

को वे खाद्य नहीं, खाद का स्वरूप मानकर उससे वर्तमान एवं भविष्य के निर्माण में सहयोग लेते हैं।

काका थोथे गांधीवादी न रहकर, हर दृष्टि से व्यावहारिक हैं–प्रयोगधर्मा। गांधीवाद की ओढ़नी ओढ़ने के कारण उन्होंने स्वयं को दूसरों के मुकाबले सवर्ण या श्रेष्ठ नहीं समझा। अन्य को उपेक्षा अथवा अवहेलना की दृष्टि से नहीं देखा। उनकी 'सन्निधि' (निवास) विभिन्न नदियों की नदी है–विभिन्न सागरों का संगम।

काका का जीवन-रथ 'समन्वय एवं सम्यक' दो वृत्तों पर टिका रहा है। उन्होंने कभी भी किसी क्षण इसका अतिक्रमण नहीं किया है। विवेक की तुला पर तोल-तोलकर रत्ती-माशे के गुणन-भाग का हिसाब रखा है। यही कारण है कि उनका ज्ञानार्जन तथा दिग्दर्शन व्यक्ति, समाज एवं राष्ट्र के लिए उपयोगी रहा है–अनमोल।

चिरन्तन चिन्तन-मनन से उन्होंने निगूढ़ समस्याओं के बड़े दूरदर्शी हल निकाले। गांधीजी के बाद वे पहले व्यक्ति थे जिन्होंने स-तर्क स्वीकार किया था कि भारत का भावात्मक एक्य हिन्दी (हिन्दुस्तानी) के बिना असंभव रहेगा। इस योजना के पीछे उन्होंने अपना संपूर्ण जीवन उत्सर्ग कर दिया। आज सौराष्ट्र एवं महाराष्ट्र को 'हिन्दी भाषी' बनाने का श्रेय काका को ही है। काका के प्रदेश ने कभी भी राष्ट्रभाषा का किसी भी रूप में अपमान नहीं किया। 'मां से अधिक आदर मौसी का है'–काका की गौरवशाली परंपरा रही है।

अपनी मातृभाषा कोंकणी-मराठी की उपेक्षा कर, अपनी भाषा गुजराती के प्रति अनुराग होते हुए भी विराग दिखलाकर उन्होंने हिन्दी को दोनों हाथों से अपनाया, पनपाया, इसलिए कि वह बापू की 'भाषा' थी, इसलिए कि उससे शायद कभी जर्जर, टूटा-बिखरा, बूढ़ा भारत एकता के सूत्र में बंधकर एक इकाई बन सकेगा।

मॉरीशस, जमैका, हैटी, केन्या, पता नहीं विदेशों में कहां-कहां काका की प्रेरणा पर लोग हिन्दी की निर्व्याज सेवा में संलग्न हैं। 'भारतीयता' भारत की धरती से घिरी हुई नहीं है। जहां-जहां तक भारतीयता है, वहां-वहां तक भारत है।

काका ने विश्व का परिभ्रमण किया है। कश्मीर से कन्याकुमारी, कामरूप से कच्छ तक का कण-कण छाना है। वे जानते हैं नेफा की निर्जन धरती भारत के भावी विकास में क्या योगदान दे सकती है। वहां कागज के कितने कारखाने आसानी से खुल सकते हैं और देश को कितनी बड़ी आवश्यकता की पूर्ति सरलता से हो सकती है।

वे जानते हैं, अभी समय है, नेफा में यदि राष्ट्रभाषा के लिए कुछ किया जा सके (जो आसानी से हो सकता है) तो राष्ट्र की एकता ही नहीं, सीमा की सुरक्षा भी सुदृढ़ रह सकेगी। बहुत-सी समस्याएं सुलझ जाएंगी और राष्ट्र के उत्थान में नेफा के आदिवासी अपना अमूल्य योगदान दे सकेंगे। यही ऐतिहासिक कार्य नगाप्रदेश में काका की प्रेरणा

पर कुछ लोग अपने प्राणों की बाजी लगाकर कर रहे हैं। नगाप्रदेश में यदि मिशनरी न घुसे होते तो नगा हमारे लिए विषाद नहीं, वरदान बने होते।

सैन्यशक्ति द्वारा गोवा-मुक्ति प्रश्न पर जब नेहरूजी के सर्वोदयवादी-गांधीवादी अभिन्न साथी उनका साथ न दे पा रहे थे, तब काका ने दृढ़ता से उनका समर्थन किया– सच्ची अहिंसा यही कहती है। सच्चा धर्म, युग-धर्म, यही कहता है।

मतवाद व्यक्ति के लिए है–व्यक्ति मतवादों के लिए नहीं।

कोरी भावुकता की नहीं, काका की दृष्टि सुदूर की थी। भारत की आन्तरिक एवं बाह्य स्थिति वे समझते थे। जानते थे यह क्षण चूकने पर गोवा शताब्दियों में भी आजाद हो सकेगा, इस की गारंटी क्या? कश्मीर का उदाहरण उनके सामने था।

इससे पूर्व कश्मीर में जब आक्रांताओं को खदेड़ती, हमारी आगे बढ़ती सेनाओं की गति रोककर भारत सरकार शेख अब्दुल्ला के साथ एक मिशन 'संयुक्तराष्ट्र संघ' भेज रही थी, काका ने तब एक ही वाक्य कहा था–कश्मीर का भाग्य नेहरूजी के भाग्य के साथ जुड़ गया है, कश्मीर न रहा तो नेहरूजी भी न रहेंगे।

भाषावार प्रांतों के पुनर्गठन के समय उन्होंने अपनी 'जबानी' (रिपोर्ट) में कहा था–हमारी उत्तरी सीमाएं असुरक्षित हैं। भारत और चीन के मध्य शक्ति-संतुलन न रहा तो देश का अस्तित्व खतरे में पड़ जाएगा। इसीलिए पर्वतीय प्रान्तों का निर्माण कर सैनिक दृष्टि से इन प्रदेशों को आत्मनिर्भर बनाया जाए, ताकि संभावित अथवा असंभावित किसी भी स्थिति का सामना किया जा सके।

तब लोग सोच भी नहीं सकते थे कि अजेय हिमशिखर भी पराजित हो सकेंगे। सदियों से हमारा अभिन्न मित्र राष्ट्र, सदियों तक के लिए, हमारा सिरदर्द बन जाएगा–क्योंकि पीकिंग और नयी दिल्ली में तब 'हिन्दी-चीनी भाई-भाई' के गगनभेदी नारे गूंज रहे थे। अतः चीन के आक्रमण पर उन्हें विस्मय नहीं हुआ।

अनेक संस्कृतियों के संगम हैं काका–अनेक परिधियों के केन्द्र। चाहे अमेरिका के गांधीवादी नीग्रो किंग मार्टिन लूथर हों या नेपाल के आचार्य तुलसी मैहर या जापान के सर्वोदयवादी नेता–काका माला के सुमेरु की तरह सबको गूंथे रहते हैं।

राजनीति से दूर रहकर, जिस रूप में जब जितना हो सका, उन्होंने योगदान दिया। वस्तुतः उनका व्यक्तित्व 'वादों' के विवाद से परे, पूर्णरूपेण मानवीय धरातल पर टिका रहता है। इसलिए वे किसी भी 'वाद' वाले देश में जाएं, उन्हें असुविधा नहीं रहती।

गांधीजी के निधन के बाद उनकी स्थिति अजीब-सी रही। न तो वे नेहरूजी के साथ राजनीति में चले, और न विनोबा की तरह सर्वोदयवाद में ही। वे तटस्थ दृष्टा की तरह देखते रहे। पर चुप न रह सके। कोई माने या न माने, सुने या न सुने, जब जो उचित लगा, वे कहते और करते रहे।

एक बार काका ने गांधीजी से पूछा था– ''अपने लेफ्टिनेंटों में से आप जवाहरलालजी को ही अपना उत्तराधिकार क्यों देना चाहते हैं?''

गांधीजी ने अपने उत्तर में जो बहुत–सी बातें कहीं, उनमें एक प्रमुख यह थी कि जवाहरलाल गुटों से अलग रहने की तटस्थता की तथा विश्व–शांति की हमारी आधारभूत नीति चला सकेंगे।

नेहरूजी के देहावसान के बाद जब मैं काका से मिला तो वे बाहर से हलके दीखने पर भी, भीतर कहीं अधिक भारी मालूम पड़ते थे।

नेहरूजी के बाद अब?

मेरे इस प्रश्न पर काका किंचित सोचते हुए बोले– ''भारत के भविष्य के संबंध में मेरे मन में रंच मात्र भी शंका नहीं। संक्रान्ति–काल में भले ही कुछ कष्ट हों, परंतु आने वाला समय अच्छा न हो, यह हो नहीं सकता। वस्तुतः भारत का सौभाग्य–सूर्य अभी उदय ही नहीं हुआ। जिस दिन वह उदय होगा, उस दिन हम बहुत आगे होंगे। इस समय के अग्रगण्य राष्ट्रों से भी आगे। भारत को विश्व का नेतृत्व कर, विश्व–इतिहास में एक नया अध्याय आरंभ करना है।''

सोचता हूं–

वह सूरज कब उदय होगा?

❑

(सन् : 1965)

राजा महेन्द्र प्रताप एक अद्भुत क्रान्तिकारी

तो राजा साहब चले गए!

मुझे याद आ रहा है, बरसात का वह दिन। अब से लगभग 22-23 साल पुरानी बात। बारिश की बौछारों में भीगता हुआ उनके साउथ-एवेन्यु स्थित निवास पर गया था। तब वह लोकसभा के सदस्य थे। वृन्दावन से जीतकर आए थे।

मैंने उनके बारे में बहुत सुना था। मैं ऐसे कई छात्रों को जानता था जो राजा साहब से अपनी फीस के लिए रुपये ले आते थे। राजा साहब ने कभी भूल से, उन अपरिचितों से नाम तक नहीं पूछे। जेब में जो कुछ हुआ, चुपचाप दे दिया।

नेहरूजी ने अपनी आत्मकथा में उनका जिक्र किया था कि वह यूरोप में निर्वासन का दण्ड भुगतने वाले उन विचित्र क्रान्तिकारी से मिलने के लिए कितने आतुर थे।

स्वाधीनता-संग्राम की सौवीं जयन्ती के अवसर पर लालकिले में आयोजित, स्वाधीनता-सेनानियों के सम्मेलन में उन्हें पहली बार देखा था। उनके साथ विख्यात क्रान्तिकारी श्री वारीन्द्र घोष बैठे थे। पास ही स्वर्गीय लाला हरदयाल के परिवार के कुछ सदस्य, जो सम्मेलन में शामिल होने के लिए विशेषरूप से विदेश से आए थे।

उन्होंने क्या कहा, अब याद नहीं। हां, उनकी लेनिन-कट सफेद दाढ़ी, ठिगना कद, बच्चों का-जैसा भोलाभाला स्वभाव अब तक कहीं स्मृतिपटल पर अंकित है।

*

मेरे कपड़ों से पानी की बूंदें निथर रही थीं।

शाम का समय था।

राजा साहब कुर्सी पर बैठे लिख रहे थे। अमेरिका या रूस के किसी राष्ट्राध्यक्ष का उनके नाम व्यक्तिगत पत्र रखा था। वह स्वयं एक पत्र इंग्लैंड की महारानी एलिजाबेथ को लिखने में तल्लीन थे।

राजा साहब ने बड़े स्नेह के साथ बिठलाया। बोले, 'ये लोग दुनिया को तबाह करके रहेंगे। मैंने इन्हें लिखा है कि अपने सारे परमाणु हथियार पानी में डुबो दो। पर ये सुनें तब न!'

शायद उन दिनों राष्ट्रसंघ के महासचिव डाग हैमरशोल्ड थे। उन्हें भी इन्होंने कई पत्र लिखे थे।

इतने में भीतर से उनका कर्मचारी आया। कहने लगा, 'आज कोयले नहीं हैं। खाना कैसे बनेगा?'

राजा साहब ने अपनी सारी जेबें टटोलीं। मात्र आठ आने के और कुछ भी हाथ न आया।

'इनसे पत्थर के कोयले ले आओ। दो-तीन दिन निकल जाएंगे।' राजा साहब बोले, पर कर्मचारी लकड़ी के कोयले लाने पर जिद कर रहा था। देर तक वाद-विवाद चलता रहा। अंत में राजा साहब उसे समझाते हुए बोले, 'लकड़ी के कोयले कम आएंगे। दो दिन भी नहीं चलेंगे। तीसरे दिन क्या भूखे रहेंगे?'

मुरसान के राजपरिवार में राजा साहब का जन्म पहली दिसम्बर, सन् 1886 को हुआ था।

अभी यह नन्हे बच्चे ही थे कि हाथरस के राजा ने इन्हें गोद ले लिया। यहां भी वैसा ही साहबी वातावरण था।

राजा साहब जन्मजात क्रान्तिकारी रहे। सन् 1908 में वृन्दावन में इन्होंने 'प्रेम महाविद्यालय' की नींव रखी। लाखों की संपत्ति दान में दे डाली। मथुरा के न्यायाधीश को दस हजार रुपये दिए, कि वह इनकी रियासत के गरीब किसानों को सहकारी बैंक खोलकर सहायता पहुंचाएं। दक्षिण अफ्रीका में गांधीजी के सत्याग्रह-आंदोलन को भी कम सहायता नहीं पहुंचाई।

उस जमाने में हरिजनों के घरों में जाकर भोजन कर आते थे। जिससे समाज में अनेक विवाद खड़े हो जाते थे।

कलकत्ता और अहमदाबाद के कांग्रेस-सम्मेलनों में जाकर ब्रिटिश सरकार के कोप-भाजन बन ही चुके थे।

*

जींद की राजकुमारी से विवाह हुआ था। चारों ओर संपन्नता का एकछत्र साम्राज्य था, किन्तु राजा साहब मन-ही-मन कहीं बहुत उदास थे। उन दिनों पहला विश्वयुद्ध चल रहा था। समाचार-पत्र युद्ध के समाचारों से भरे रहते थे। राजा साहब के मन में विचार आया कि क्यों न यूरोप जाकर युद्ध की विभीषिका देखी जाए। इससे पहले इन्होंने दक्षिण अफ्रीका जाकर गांधीजी के सत्याग्रह में सम्मिलित होने की भी योजना बनाई थी, जिसे गांधीजी के सहयोगी मिस्टर पोलक ने अस्वीकार कर दिया था।

अपनी मातृभूमि से 32 साल के लंबे निर्वासन पर जाने की तैयारी कर चुके थे। विदा वाली उस रात का वर्णन करते हुए अपनी आत्मकथा 'माई लाइफ स्टोरी ऑफ फिफ्टी फाइव इयर्स' में इन्होंने लिखा है–

'उस साल पहली बार देहरादून में बिजली आई थी। मैंने अपने घर में भी लगवा ली थी। जिस रात मैं घर से विदा हो रहा था, उसी रात मेरी पत्नी के घर में भी बिजली आई थी। मैं हमेशा के लिए उससे बिछुड़ रहा था। इसके बाद मैं उससे फिर कभी भी नहीं मिल पाया। जब मैं निर्वासन में था, विदेश में, तब सन् 1925 में उसका देहान्त हो गया था।

'उस रात मैंने उसे पहली बार रोते हुए देखा था। ज्यों-ज्यों मैं उसे समझाता, त्यों-त्यों उसका रुदन बढ़ता चला जाता। उसके बिस्तर के पास मेरा नन्हा बेटा सोया हुआ था। उसी के साथ बिटिया भी।

'यद्यपि बिजली नई-नई आई थी, तथापि पता नहीं क्यों वह इतनी पीली, हल्की लग रही थी। मेरा मन सचमुच बहुत भारी हो आया था। बाहर निकलकर मैं स्टेशन पहुंचा। वहां से बम्बई, फिर बिना पासपोर्ट के जर्मनी।'

*

यह लंबा निर्वासन अत्यंत दुखदाई रहा। स्विटजरलैंड में राजा साहब सुविख्यात क्रान्तिकारी लाला हरदयाल से मिले। उनसे मुलाकात का वर्णन बड़ा ही हृदय-द्रावक है।

'उसी रात हम उस युवा-क्रान्तिकारी के घर पहुंचे। टैक्सी से यह लम्बी यात्रा हमने तय की। उन दिनों वह कस्बे से कहीं दूर रह रहे थे। जब हम पहुंचे तब वह रात के भोजन के लिए आलू उबाल रहे थे। जिस दयनीय स्थिति में उन्हें देखा, उसे भुलाया नहीं जा सकता...।'

जर्मनी में राजा साहब कुछ दिन भटकने के पश्चात् जर्मनी में तत्कालीन शासक विल्हेम कैसर से मिले। युद्ध की विभीषिका देखने के लिए पोलैण्ड और जर्मनी की सीमा पर पहुंचे। जहां एक ओर जर्मन तोपें आग उगल रही थीं, तो दूसरी ओर से रूसी।

विल्हेम कैसर से मिलने के बाद राजा साहब भारत की स्वाधीनता के लिए सशस्त्र युद्ध छेड़ने की योजना बनाने लगे। वह योजना तभी पूरी हो सकती थी, जब अफगान सरकार का सक्रिय सहयोग मिलता। इसके लिए राजा साहब ने अफगानिस्तान जाने का कार्यक्रम बनाया। तुर्की, ईराक होते हुए अंत में काबुल पहुंचने में सफल हो ही गए।

वहां पहली दिसम्बर, 1915 को राजा साहब ने 'भारत की प्रोविजनल सरकार' की नींव रखी। राजा साहब उसके प्रथम अध्यक्ष मनोनीत हुए और मौलाना बरकत उल्लाह प्रथम प्रधानमंत्री।

भारत, तुर्की तथा अफगान मित्रों की संयुक्त बैठक में तय किया गया कि रूस को भी इस योजना में सम्मिलित कर लिया जाए तो समस्या और भी आसानी से सुलझ जाएगी। इसके लिए राजा साहब ने 'भारत की प्रोविजनल सरकार' के अध्यक्ष के रूप में एक पत्र जार को लिखा। उसे सोने की ठोस तस्तरी के ऊपर रखकर, विशेष दूत द्वारा रूस भेज दिया।

पर इसका कोई विशेष परिणाम न निकला, क्योंकि कुछ समय पश्चात् स्वयं जार का तख्ता पलट गया।

रूसी-क्रान्ति की सफलता के बाद राजा साहब अनेक बार रूस गए। लेनिन, ट्राटस्की आदि नेताओं से मिले।

राजा साहब का सारा जीवन भटकने में ही बीता। इस लंबे निर्वासन में वह कहीं भी जमकर बैठ न पाए। कभी काबुल, तो कभी पीकिंग, कभी बर्लिन, तो कभी मैक्सिको, कभी न्यूयार्क तो कभी तोकियो।

भारत की स्वाधीनता के लिए विदेश में रहकर जितने अथक प्रयत्न इन्होंने किए, उतने शायद ही किसी भारतीय क्रांतिकारी ने किए हों!

दुर्गम, बीहड़ मार्गों को तय कर काबुल से ल्हासा पहुंचे। इसी आशा से कि शायद तत्कालीन दलाई लामा अंग्रेजों के विरुद्ध कुछ सहायता दे दें। चीन में सन यात सेन से मिले। जापान में सम्राट हिरोहितो से भी।

राजा साहब की ये यात्राएं इतनी लोमहर्षक होती थीं कि लोग इन्हें 'पूर्व का कोलम्बस' कहा करते थे।

एक बार चीन की लंबी यात्रा में सारा सामान कोई उठा ले गया तो राजा साहब ने इससे एक सबक सीखा। इन्होंने अपने लंबे कोट की जेबें इतनी लंबी बनवा लीं कि सारा आवश्यक सामान उन्हीं में आ जाता था। कोट पहनकर ट्रेन में निश्चिन्त भाव से लेट जाते। क्योंकि अब चोर द्वारा समान उठा ले जाने का भय न था।

*

सन् 1914 में भारत से यूरोप जाते समय बड़े भाई राजा कुंवर बलदेव सिंह ने पूछा था, 'अब भारत कब लौटोगे?' तो राजा साहब ने उत्तर दिया था, 'जब अफगान सेनाएं साथ होंगी।'

अचानक मुंह से निकला यह वाक्य सदैव उनके मस्तिष्क में घूमता रहा।

कम लोगों को ज्ञात होगा कि 'आजाद हिन्द फौज' का सपना सबसे पहले राजा साहब ने ही देखा था। सन् 1915 में जब अफगानिस्तान में प्रोविजनल सरकार बनी, तब राजा साहब पांच हजार अफगान सैनिकों को एकत्र कर एक सेना बनाई थी- 'आजाद

हिन्द फौज।' पश्चिमोत्तर-प्रदेश से भारत पर आक्रमण की योजना भी तैयार की थी, दुर्भाग्य से जो सफल न हो पाई।

इसी योजना ने बाद में नया रूप धारण किया जापान में। क्रांतिकारी रासबिहारी बोस भी इसमें सम्मिलित हुए। राजा साहब सर्वोच्च सेनापति यानी अध्यक्ष बने और रास बाबू उपाध्यक्ष। सेना का गठन होने लगा तो जापान सरकार ने पूछा, 'किस झण्डे के नीचे सेनाएं आगे बढ़ेंगी?'

'आर्यन-ध्वज।' राजा साहब ने उत्तर दिया।

'नहीं, झण्डा जापान का ही होगा।'

इतना सुनते ही राजा साहब सहसा तमतमा उठे। बोले, 'भारत की धरती पर एक विदेशी पताका गिराने के बाद, दूसरी विदेशी पताका कभी भी फहराने नहीं दी जाएगी, चाहे वह मित्र राष्ट्र हो या शत्रु राष्ट्र की।'

राजा साहब की दो टूक बातों से इनके जापानी मित्रों का क्रुद्ध होना स्वाभाविक था। उन्होंने राजा साहब को किसी भी शर्त पर सहायता देने से इंकार कर दिया। बैंक में चन्दे का जो धन था, उसे भी जब्त कर लिया।

तब रासबिहारी बोस ने जर्मनी से नेताजी को जापान बुलाया और उन्हें सेना की बागडोर सौंपने का निश्चय किया।

राजा साहब के इन 'कारनामों' से क्रुद्ध ब्रिटिश सरकार अवसर आने पर किसी भी सीमा का अतिक्रमण करने को तैयार थी।

जब जापान ने आत्मसमर्पण कर दिया तब राजा साहब को उन्होंने तत्काल बंदी ही नहीं बनाया, बल्कि मौत की सजा भी सुना दी। यदि कालान्तर में जांच-समिति न बनती तो इन्हें फांसी पर कब का लटका दिया होता।

*

राजा साहब निष्ठावान व्यक्ति थे। जीवन में कभी भी इन्होंने कोई गलत समझौता नहीं किया।

सन् 1920 में जब अफगानिस्तान से भारत पर आक्रमण की योजना बना रहे थे, तब इनके साथ चल रहे अफगान सैनिक अधिकारी अब्दुलहादी खान ने कहा था, 'युद्ध तो होना ही है। अफगान सेनाएं भारत तक भी पहुंच सकती हैं। मुझसे वादा कीजिए कि एक प्रान्त आप मुझे दे देंगे।'

'क्या बेवकूफी की बात है!' राजा साहब चिल्लाए।

'कम-से-कम एक जिला तो दे ही दीजिएगा।'

'आपको पता नहीं, आप क्या बोल रहे हैं? किससे बोल रहे हैं? इन्होंने कहा, 'अपने पिता से जो राज्य मुझे मिला, वह मैंने त्याग दिया। यदि मुझे सारा संसार भी

मिल जाए, तो भी मैं उसे जनता को दे दूंगा। मेरी मान्यता है कि धरती पर किसी एक व्यक्ति का अधिकार नहीं होना चाहिए। धरती सबकी है, सबके लिए है।'

इससे आगे की स्थिति का वर्णन करते हुए राजा साहब ने लिखा है, 'धीरे-धीरे उत्साह ठंडा पड़ने लगा और अंत में उसने मेरा साथ ही छोड़ दिया। तब मैंने स्वयं से कहा, 'घूस न देने के कारण, गलत काम न करने के कारण मुझे विफलताएं ही विफलताएं मिली हैं। पर मुझे लगता है, भले ही लोग इन्हें मेरी विफलताएं कहें, किन्तु मैं इन्हें अपनी सफलताएं समझता हूं।'

*

राजा साहब का जीवन वैविध्यों से भरा था। राजा होते हुए भी वह रंक थे। आधुनिक होते हुए भी वह प्राचीनता के पोषक थे। शांति पर अगाध आस्था रखते हुए भी वह सशस्त्र क्रान्ति के प्रबल समर्थक थे। भारतीय होते हुए भी अपने को विश्व नागरिक कहते थे। हिन्दू होते हुए भी इस्लाम तथा ईसाई धर्म में आस्था रखते थे। अपना नाम ही इन्होंने 'पीर-पीटर-प्रताप' रख छोड़ा था।

इनकी शिशु-सुलभ सहजता, जो सहमी-सहमी आंखों से बाहर झांका करती थी, चेहरे पर असाधारण दीनता का भाव-उसे देख कोई कल्पना भी नहीं कर सकता था कि विश्वविख्यात क्रान्तिकारी, विश्व के सबसे सशक्त राष्ट्र को ललकारने वाले, दुनिया के नक्शे में खिंची इन राजनीतिक रेखाओं को मिटाकर एक नए विश्व का सपना देखने वाले क्रान्तिदर्शी 'आर्यन-पेशवा' यही हैं।

हमेशा एक अजीब-सा जुनून उन पर छाया रहा। जिसे एक तरह की सनक भी कह सकते हैं। जब जैसा ठीक समझा कहा। हित-अहित की ओर कभी भी ध्यान नहीं दिया।

विल्हेम कैसर के पतन के पश्चात् हिटलर ने सत्ता संभाल ली थी। सन् 1930 की बात है। एक दिन चंद नाजियों ने आकर उनसे कहा, 'हर हिटलर आपसे मिलना चाहते हैं।'

'पर मैं तो उनसे नहीं मिलना चाहता!' राजा साहब का उत्तर था, विल्हेम कैसर का जो अदना सिपाही रह चुका है, उससे मैं कैसे मिल सकता हूं?'

नाजी आवाक् रह गए।

जर्मनी में रहकर हिटलर से बैर!

राजा साहब एक दिन जर्मनी से विदा हो गए, किन्तु इन्होंने नाजियों की बातें न मानीं।

दूसरे महायुद्ध के समय यह जापान में थे। जापान के प्रशासकों को भी इन्होंने नाराज कर दिया था। जिसका नतीजा यह हुआ कि तोकियो के बाजारों में झोली लेकर

दिनभर भिक्षा मांगते थे, जिससे शाम को अपना तथा अपने साथियों का पेट भरते थे।

जींद रियासत की राजकुमारी से इनका विवाह हुआ था। जींद के राजकुमार उन दिनों किसी आवश्यक कार्य से जापान आए थे। जिस होटल में वह ठहरे हुए थे, वहां राजा साहब को उन्होंने आमंत्रित किया।

राजा साहब उनके ड्राइंगरूम में देर तक बैठे रहे। तभी दूसरे कमरे से आवाज आई कि वह बातें तो इनसे करना चाहते हैं, किन्तु मिलना संभव नहीं। क्योंकि भारत लौटने पर जब ब्रिटिश सरकार को इस बात का पता चलेगा कि वह ब्रिटिश सरकार के शत्रु राजा महेन्द्र प्रताप से मिले तो इसका उन्हें कठोर दंड भुगतना पड़ेगा।

इतना सुनते ही राजा साहब आगबबूला हो गए। बोले, 'मैं उस व्यक्ति से मिलना ही पसंद नहीं करूंगा, जो इतना कायर हो।' और यह उठकर बाहर चले गए।

*

भारत आकर भी राजा साहब उपेक्षित-से ही रहे। लंबे निर्वासन के बाद जब स्वदेश लौटे तो सारी परिस्थितियां बदल चुकी थीं। इन 32 वर्षों में भारी परिवर्तन आ गया था। परंतु राजा साहब का सदैव वही पुराना दृष्टिकोण रहा।

एक बार इन्होंने बतलाया, संसद में मैंने आज नेहरूजी से साफ-साफ कर दिया है कि भारत-पाक का मसला मैं हल कर दूंगा। दोनों देशों को मैं फिर से एक साथ मिला सकता हूं। इस पर नेहरूजी ने हंसते हुए कहा कि 'आप ही कर दीजिए। हम से तो होता नहीं।'

'मुझे अयूब साहब से एक बार मिलने दीजिए।'

'ठीक है, आप रावलपिण्डी चले जाइए।'

राजा साहब को सरकार ने भेजा नहीं। नेहरूजी को पत्र भी लिखा, संसद की बात याद दिलाई, परंतु कोई उत्तर न मिला तो स्वयं ही पाकिस्तान चले गए।

अयूब साहब से मिले।

'मैं भी जाट हूं, आप भी जाट हैं। हमें एक होना चाहिए। पाकिस्तान को भारत में मिला देना चाहिए।'

नेहरूजी की तरह अयूब साहब भी पाकिस्तान को मिला सकने में असमर्थ रहे। किन्तु राजा साहब लौटते-लौटते 'जाट-संघ' का निर्माण अवश्य कर आए। स्वयं 'जाट-संघ' के अध्यक्ष बने और उपाध्यक्ष बनाया अयूब साहब को।

*

राजा साहब का त्याग गांधीजी तथा सरदार भगत सिंह के त्याग से कम न होगा।

स्वाधीनता के लिए इन्होंने क्या-क्या नहीं सहा। इनके विदेश जाने पर सन् 1923 में 'राजा महेन्द्र प्रताप एक्ट 24' के अंतर्गत इनकी सारी संपत्ति ब्रिटिश सरकार ने छीन

ली थी। स्वाधीनता के पश्चात् भी वह लौटाई नहीं गई और न उसका कोई मुआवजा ही दिया गया था। रानी को मात्र 200 रुपये पेंशन स्वीकार की थी। वह भी दो वर्ष बाद चल बसीं। इनके एकमात्र पुत्र भी अकाल ही काल के गाल में समा गए।

बड़े भाई कुंवर बलदेव सिंह की मृत्यु के पीछे भी अंग्रेजी शासन का षड्यन्त्र बतलाया जाता है।

भारत जब लौटे तब यहां कुछ भी शेष न था। यहां आकर कितनी कठिनाइयां झेलनी पड़ीं, इसकी लंबी दास्तान है।

इस संदर्भ में एक दिन इन्होंने बतलाया था, 'स्वदेश लौटने पर सबसे पहले मैं वर्धा में बापू से मिला। बापू मुझसे लिपटकर मिले तो उनकी आंखों में आंसू थे। बाद में उनकी निजी सचिव राजकुमारी अमृत कौर ने दोनों बाहें फैलाकर बतलाया- 'बापू ने आपकी वापसी के लिए वाइसराय को इत्ते पत्र भेजे, इत्ते।'

*

राजा साहब ने 'विश्व-सरकार' के सपने संजोए थे। अपने को आर्य भूमि- ईरान से असम तक क्षेत्र का प्रधानमंत्री कहते थे- 'आर्यन पेशवा।'

जो कुछ भी पास था, सब देश की आजादी और विश्व सरकार के स्वप्न को साकार करने में समर्पित कर दिया।

जीवनभर वह पराश्रित रहे। भूखे-प्यासे रहकर भी कभी किसी से कोई शिकायत नहीं की। इतना भला, इतना निरीह, कोई हो सकता है, इसकी कल्पना भी सहज नहीं।

राजा साहब पर पुस्तकें नहीं लिखी जाएंगी। स्मारक नहीं बनेंगे। परंतु राजा साहब ने जितना किया, उतना क्या कोई कर सकता है?

❑

(सन् : 1979)

जैनेन्द्रजी : कुछ निकट से : कुछ दूर से

जैनेन्द्रजी के बारे में जब कभी सोचता हूं, एक साथ अनेक चित्र उभरते हैं। कुछ रंग-बिरंगे। कुछ रंगविहीन, एकदम सादे। कुछ ऐसे जिन में से कोई भी 'शेड' नहीं झलकता।

जैनेन्द्रजी फर्श पर, केवल कच्छा-बनयान पहने, केवल चटाई बिछाकर बैठे हैं, सामने धरी थाली में से गिन-गिनकर निवाले तोड़ रहे हैं। शतरंज की गोटी की तरह सब्जी का टुकड़ा उठाते हैं। फिर रख देते हैं। ध्यान कहीं और है। किसी दूसरी ही दुनिया में।

अपनी चौखट पर जैनेन्द्रजी चादर ओढ़ लेते हैं। हैं भी और नहीं भी हैं, एक साथ वाली परम 'तत्व' की बातें। आत्म-परमात्म का आल-जाल! पर, सामने वाले के पल्ले क्या पड़ता है? वह बेबस सिर हिला देता है तो जैनेन्द्रजी प्रसन्न हो उठते हैं। -यह एक आदमी है समझदार, जो बात समझ रहा है! है न?

जैनेन्द्रजी पैदल ही जा रहे हैं। जेब में ढेला तक नहीं।...

लेकिन यह नहीं हो सकता कि वह फर्स्ट-क्लास में ट्रेन में सफर करें। उन्हें वायुयान के अतिरिक्त सब दूसरी सवारियां समय नष्ट करने वाली नजर आती हैं।

सुनो, दो आने भी नहीं हैं? चना-मुड़ी ही ले आओ।...

जैनेन्द्रजी का जिनेवा से पत्र आया है—अपने बेटे के नाम। केवल यही लिखा है, 'कुछ कपड़े धुलने को दिए। 100 रुपये धुलाई के ही पड़ गए।'

मैं हिसाब लगाता हूं, इतने में जैनेन्द्रजी के खादी के कितने नए कपड़े बनते! और कितना चलते!

जैनेन्द्रजी कहीं गए हैं, अपरिग्रह पर प्रवचन झाड़ने। लक्ष्मी के किसी प्यारे को उनका प्रभावशाली प्रवचन सुन कर अपना धन निःसार लगने लगता है। हजारों की थैली वह चुपके से जैनेन्द्रजी के चरणों में चढ़ा देता है। प्रार्थना करता है, "आप 'ना' न कहें। कम से कम मेरे लिए।" जैनेन्द्रजी गांधीवादी हैं। उसे निराश नहीं करते। उस समय उसे रख लेते हैं। किन्तु ओझल होते ही किसी को सौंप देते हैं—'किसी संस्था को गुप्तदान के रूप में दे देना।'... फिर डेरे पर लौटते ही किसी साथी से कहते हैं—'भाई, दिल्ली लौटना था! कुछ...।'

लगता है जैनेन्द्रजी 'अति' की रेखा पर ही झुलते रहते हैं। न चाहते हुए भी। इसी लिए अकारण 'कंट्रोवर्सी' के विषय बन जाते हैं।

*

जैनेन्द्रजी पाल्थी मारकर बैठते हैं। फिर सोच-सोचकर, रस लेकर, बड़े मीठे ढंग से, अटपटे तौर-तरीके से बोलते हैं। शायद तभी तो आचार्य चतुरसेन शास्त्री उन्हें 'जलेबी-ब्राण्ड' साहित्यकार कहते थे।

लोगों का कथन है—उन के पास और कोई काम है ही नहीं। इसलिए वह पहले घंटों तक बैठे-बैठे सोचते हैं और फिर बात में से बात निकालते हैं। प्याज के छिलकों की तरह। इसी को लोग 'दर्शन' की संज्ञा दे देते हैं। भला लोग तो 'दर्शन' पर रिसर्च करते-करते, काण्ट, हैगल, स्पिनोजा और शंकराचार्य को पढ़ते-पढ़ते बूढ़े हो गए और जैनेन्द्रजी कहानियां लिखते-लिखते, बिना पढ़े ही 'दार्शनिक'! -यह भी कोई बात है।

*

किन्हीं जापानी लेखक ने एक बार मुझसे पूछा था- 'क्या यह सत्य नहीं कि जैनेन्द्र हिंदी साहित्य-क्षेत्र में ऐतिहासिक पुरुष हैं? कुतुब मीनार, लाल किला या ताजमहल की तरह उनका सबसे अलग विशिष्ट स्थान है?'

मैं दिनों तक सोचता रहा, इस विषय में। ऐतिहासिक पुरुष होने या न होने का निर्णय तो व्यक्ति नहीं, इतिहास स्वयं करता है। और उसमें भी समय लगता है। फिर समग्र काल की मान्यता का महत्व माना जाता है, क्षण विशेष का नहीं।

इसलिए मैं विवाद का पहलू छोड़ देता हूं। और फिर सोचता हूं कुतुब मीनार या लाल किले जैसे जैनेन्द्रजी के बारे में। मुझे एक अनूठा साम्य दिखाई देता है दोनों में।

इतने वर्षों से ताजमहल, लाल किला सब वैसे ही हैं न- अपरिवर्तनीय! वैसे ही अपरिवर्तनीय मुझे जैनेन्द्रजी भी लगते हैं। जैसा मैंने उन्हें वर्षों पहले देखा था, वैसे ही वह आज भी दृष्टिगोचर होते हैं। कहीं रंचमात्र भी बदलाव नहीं। वैसा ही (सनातन) करघे का कुर्ता, बगुले के पंख-जैसी करघे की धोती, अहिंसक चमड़े की- शोलापुरी चप्पलें, दीवार पर वे ही बाबा-आदम के जमाने के पुराने तीन चित्र- मक्खनलालजी का मक्खन की छोटी टिकिया- जैसा छोटा मकान, वही ऋषि-भवन के भवनेश की भवन परित्याग कराने की रोज-रोज की धमकियां। विषम संवैधानिक चुनौतियां, पर जैनेन्द्रजी जाएं भी तो कहां।

यह सब देखकर कभी-कभी क्षोभ होता है। 'समय और हम' के प्रणेता 'समय' के साथ शायद न चल सके।

...वास्तव में जैनेन्द्रजी ने खादी ओढ़कर, गांधीजी की बिरादरी में चिलम पीकर मूलभूत भूल की। वह भी व्यावहारिक हो सकते थे। किन्तु उनका गांधीवाद, उनका सर्वोदय मार्का अपरिग्रह सदैव आड़े हाथ आया।

सच्चे 'ब्राह्मण' की भांति प्राप्ति से पूर्व ही उन्होंने लक्ष्मी का विसर्जन कर डाला। और, यह जीवन्त सत्य भी बिसरा दिया कि वह सांसारिक हैं, संन्यासी नहीं।

वर्षों पूर्व 'कायमी बेकारी' का बोझ उन्होंने स्वतः सिर पर लाद लिया था, जिसे वह अब तक बराबर ढोते चले आ रहे हैं।

घर का खर्चा कैसे चलता है, यह भगवतीजी (श्रीमती जैनेन्द्र) जानें। 'पूर्वोदय प्रकाशन' का कार्य प्रदीप (सुपुत्र) के जिम्मे! स्याह-सफेद वह कुछ भी करें, जैनेन्द्रजी को मतलब नहीं। वह एकदम किनारे पर खड़े, एकदम तटस्थ दृष्टिगोचर होते हैं।

*

जन्मजात लेखक हैं जैनेन्द्रजी! किन्तु लिखने से उन्हें भयंकर भय है। उनसे लिखा लेना रेत में से तेल निकालने से भी दुष्कर है। जब 'चाणक्य-सुत'–टाइपिस्ट अंधेरे मुंह घर से निकल आए, कुश-तिल पर गंगाजल के छींटे छिड़ककर, तब शायद कुछ संभव हो सकता है, अन्यथा नहीं।'

लेकिन लिख लेने के बाद उनका सुषुप्त 'दर्शन' फिर जाग जाता है और वह उसके संबंध में पूर्णरूपेण सचेष्ट हो जाते हैं। पारिश्रमिक की राशि पूरी क्यों न मिले? हिन्दी वालों को अंग्रेजी वालों से 'इनफीरियर' घोषित करने का दुस्साहस कोई क्यों करे! किस लिए?

इसीलिए वह कभी-कभी व्यावहारिक न होते हुए भी आवश्यकता से अधिक व्यावहारिक हो उठते हैं, जो विचित्र लगता है।

लगता है, इसके अतिरिक्त उन्हें 'स्तर' विशेष से भी विशेष मोह है। स्तर के लोगों के बीच, स्तर की बातें, स्तर का पारिश्रमिक, स्तर का सम्मान! अतः कहीं पर भी वह स्तर से अ-स्तर नहीं हो पाते।

और उनका वाद-विवाद भी किसी स्थिति में स्तर की पटरी से नीचे नहीं उतरता। और कभी उन्हें आवेश भी आता नहीं देखा गया है। किन्तु अहिंसक पद्धति से हौले-हौले, शान्त स्वभाव से इतनी गहरी चोट कर जाते हैं कि सामने वाला दिनों तक तिलमिलाता रहे।

एक बार मास्को में रूसी-लेखक लियोनेड लियोनेफ से कुछ समस्याओं पर चर्चा हो रही थी। लियोनेड ने उनके गांधीवाद पर 'घृणा-प्रेम' का प्रश्न उठाकर गहरा, आक्षेप किया तब जैनेन्द्रजी ने मुसकराते हुए उत्तर दिया, 'आप मान सकते हैं–घृणा की शक्ति का उपयोग आपके देश ने जाना और किया है। गांधी तो प्रेम के आदर्श को लेकर अधूरे ही रह गए थे। लेकिन अंत में यह मालूम हुए बिना न रहेगा कि प्रेम अर्थात् अहिंसा में घृणा को पूरी शक्ति समा जाती है। अहिंसा घृणा की घृणा के अतिरिक्त और है क्या? क्यों?'

लियोनेड सोचते रह गए और इसका प्रत्युत्तर आज तक न दे पाए!

*

लोगों का अनुमान है कि यह सब इसीलिए है कि वह शतरंज के पुराने खिलाड़ी हैं। हर दांव-पेंच को भलीभांति समझ-बूझ लेते हैं। अभी चंद दिन पूर्व वह भारत सरकार के किसी 'साहित्यिक प्रतिनिधि मण्डल' में श्रीलंका गए थें वहां वाद-विवाद में तो मात दे ही आए, किन्तु खेल-ही-खेल में शतरंज के किन्हीं चैम्पियन को भी चित्त कर लौटे।

उनकी तर्क-शक्ति वास्तव में बड़ी तीव्र है। इस 'तर्क' से यद्यपि उन्होंने अनन्त लाभ उठाए हैं, तथापि एक हानि भी हुई है। वह इस की आड़ में अपने को 'जस्टिफाई' कर लेते हैं, उचित ठहरा लेते हैं। इसलिए कभी-कभी व्यवहार में न उतरकर केवल वैचारिक ही रह जाते हैं। बुद्धि के समक्ष हृदय-तत्व दब जाता है। और दूसरों के दु:ख का दर्द, विश्व-परिवार की सुनहरी कल्पनाएं उनके स्वयं के परिवार की सीमा पार कर बाहर नहीं जा पातीं और स्वयं की ओढ़ी 'बेबसी' की चहारदीवारी में घुट-घुटकर रह जाती है। अत: जैनेन्द्रजी टालस्टाय या रोम्या रौलां के समान, उस मानवतावादी ऊंचाई को नहीं छू पाते, जिसकी उनसे उपेक्षा रहती है।

किन्तु इसके बावजूद जैनेन्द्रजी का व्यक्तित्व अपने में अनूठा है। अनेक अपवादों का संगम है।

कभी-कभी विस्मय होता है, इस अवस्था में आकर भी जीवन एवं जगत के अनेक मोर्चों पर वह अकेले ही किस तरह जूझते हैं? आकाश-वृत्ति पर आधारित पारिवारिक-आर्थिक व्यवस्था, साहित्यिक वाद-विवाद, सर्वोदय का सवाल, गांधीवाद का प्रश्न, भाषा का भविष्य- पता नहीं वह कितने मसले माथे पर दिन-रात लिए रहते हैं। फिर उद्घाटन और भाषण भी उनकी दिनचर्या के अभिन्न अंग बनते जा रहे हैं।

जैनेन्द्रजी अब साठ के निकट पहुंच रहे हैं। लोग समझते हैं कि अवस्था के साथ-साथ वह आउट-ऑफ-डेट होकर शिथिल पड़ते चले जा रहे हैं। किन्तु लगता है, जैनेन्द्रजी की मान्यता इससे भिन्न है। संभवत: वह मानने लगे हैं कि साहित्यकार का वास्तविक जीवन की सीमा के बाद ही शुरू होता है, पहले नहीं। इसलिए वह विस्मयकारी योजनाओं में संलग्न है।

अभी किन्हीं प्रकाशक से उन्होंने 'बैट' रखा है कि वह दो महीने में यानी 60 दिन की अवधि के अंदर प्रकाशक को 60 नई कहानियां लिखकर देंगे। बदले में प्रकाशक से उन्हें दस हजार रुपये की राशि प्राप्त होगी, अन्यथा उन्हें प्रकाशक को दस हजार नकद देने पड़ेंगे। कागजों की लिखत-पढ़त में, गवाह के रूप में मेरे भी हस्ताक्षर हुए हैं- अस्तु, देखता हूं, मुझे क्या मिलता है!

❑

(सन् : 1964)

भ्रमण-शास्त्र के आचार्य : राहुल सांकृत्यायन

'जब कभी मैं जिन्दगी से ऊब जाता हूं, थक जाता हूं, हार कर आंखें मूंदे बैठ जाता हूं, निराशा के निविड़तम, अंधकार के अतिरिक्त आंखें खोले चारों ओर कुछ भी नहीं दीखता। दशों दिशाओं से विफलता के विषधर फन फैलाए, व्यूह रचाए, लपक-लपक कर बढ़ते-से मालूम होते हैं। जीवन में कुछ भी उत्साह, कुछ भी स्फूर्ति शेष नहीं रही। तब मैं राहुलजी की कोई पुस्तक उठा लेता हूं। और वह खोई प्रेरणा, खोया प्रकाश पुनः प्राप्त कर लेता है। मैं उनका कितना कृतज्ञ हूं। कितना ऋणी हूं। कितना...' यह कहते हुए सचमुच उन साहित्यिक मित्र का गला बंध-सा आया। राहुलजी के संबंध में वह फिर अधिक बातें न कर पाए।

वास्तव में ऐसे एक नहीं अनेक साहित्यिक और इतर-साहित्यिक हैं जिन्हें राहुलजी की पुस्तकें जीने की प्रेरणा देती हैं। कर्मठता का पाठ पढ़ाती हैं। नित-नए अभियानों के लिए आमंत्रित करती हैं।

वे ही राहुलजी, सुना, इधर अस्वस्थ हैं। सुना, श्रीमती कमला सांकृत्यायन का किन्हीं सज्जन के पास पत्र आया था। लिखा था- राहुलजी हृदय रोग से पीड़ित, अस्पताल में पड़े हैं। अधिक बोल नहीं पाते। हिलडुल नहीं सकते। दिन-रात पड़े रहते हैं। भारत आने की उनकी उत्कट अभिलाषा है। लेकिन, आएं कैसे? यहां आकर भी तो समस्याएं हैं। खर्चे आदि की व्यवस्था कैसी होगी? क्या होगी?

दो सौ से अधिक विशाल ग्रंथों की रचना के बाद, जीवन भर निरन्तर साधना में लीन रहने के बाद, आज इस सांध्या-बेला में अर्थ के अनर्थ की समस्या हो। समझ में नहीं आता। राहुलजी की संग्रहणीय अमूल्य कृतियों के क्या देश में पाठक नहीं हैं? क्या उनके एक से अधिक संस्करण नहीं हुए हैं? क्या उनका देश-विदेश की विभिन्न भाषाओं में कम रूपान्तर हुआ है? फिर वह कमी कहां पर है? यह प्रश्न-चिह्न आज राहुलजी के लिए ही नहीं, अधिकांश लेखकों के सामने भी है।

कुछ वर्षों से राहुलजी लंका के विद्यालंकार विश्वविद्यालय में दर्शन विभाग के अध्यक्ष हैं। राहुलजी स्वदेश छोड़कर संभवतः बाहर इसीलिए गए कि उनका देश भारत उन जैसे विश्वविख्यात भाषा शास्त्री, बौद्ध दार्शनिक, वयोवृद्ध यशस्वी साहित्य-सेवी की अमूल्य सेवाओं से कोई भी लाभ उठाने में असफल रहा। इससे पहले राहुलजी

चीन-यात्रा पर हो आए थे, जब तिब्बत के बौद्ध विहारों में भरे पड़े हजारों भारतीय संस्कृति एवं धर्म विशेष से संबंधित प्राचीन दुर्लभ ग्रंथों के उद्धार की विशाल योजना बनाई थी। लेकिन वह भी आकाश-कुसुम ही रही।

राहुलजी का कर्मठ जीवन साधना की सजीव कहानी है। हिन्दी की सारी साधना एक ओर और अकेले राहुलजी एक ओर, तो कौन-सा पलड़ा भारी होगा? यह कहा जाए तो, निर्णय शायद राहुलजी के पक्ष में ही जाए।

कौन-सी ऐसी दिशा है, जहां वह न बढ़े? कौन-सा ऐसा क्षितिज है, जिसे उन्होंने न छुआ? पीठ पर मन-मन भर का भारी सामान लादकर उन्होंने दुनिया के दुर्गम भू-खंडों का कण-कण छाना। दिन-रात एक कर न मालूम कितनी विस्मृति के गर्त में गिरी पुरानी पांडुलिपियों का पुनरुद्धार किया। तिब्बत में लिखते-लिखते भयंकर शीत से कलम की नोक पर स्याही जम जाती थी। लेकिन, राहुलजी की लौह-लेखनी रुक जाए, यह संभव नहीं। इसी तरह उन्होंने बौद्ध-दार्शनिक आचार्य धर्मकीर्ति तथा नागार्जुन की रचनाओं का भोट भाषा से रूपान्तर किया। दुनिया की दृष्टि में बौद्ध-दर्शन की जो पुस्तकें सदियों से लुप्त थीं, जिनके आरंभ और अंत का ही अब ज्ञान न था, राहुलजी ने भारत के यश की वह धरोहर खोज के ही निकाली। संसार को चकित किया। रूसी दार्शनिक अकेदेमिक श्चेवात्सर्की तो सुना, आनन्द विभोर हो उठे थे। उन्होंने ल्हासा के पते पर ही राहुलजी को रूस से तार भेजकर अपनी अतीव प्रसन्नता व्यक्त की थी।

वेश बदलकर, प्राण हथेली पर रखकर, सत्तू खाकर उन्होंने ये अद्‌भुत अभियान किए थे। जिस विषय को आज तक किसी ने भी न छुआ, जिसकी और किसी का भी ध्यान आज तक आकर्षित न हुआ, राहुलजी ने उसे ही अपनाया। उनके खोजपूर्ण भीमकाय ग्रंथ को देखकर विस्मय हुए बिना नहीं रहता। जितना काम राहुलजी ने वर्ष-दो वर्ष की अल्प अवधि में समाप्त किया, वह किसी भी सुलझे हुए अन्वेषक के लिए जीवन पर्यन्त की सामग्री है।

पाश्चात्य अन्वेषकों की तरह सुविधाएं उन्हें कहां! 'करतल भिक्षा, तरुतल वास' का सिद्धांत अपनाकर उन्होंने इतना सब कुछ किया। यही क्या कम है! जापान, चीन, तिब्बत, मंगोलिया, कोरिया, रूस, बर्मा, स्याम, ईरान, अफगानिस्तान, जर्मनी, फ्रांस, इंग्लैंड न जाने कितने देशों की कितनी बार यात्राएं कीं। दर्शन, राजनीति, धर्म, भ्रमण, संस्मरण, जीवन-चरित्र, उपन्यास ऐसा कोई विषय नहीं, जिस पर उन्होंने कलम न उठाई हो। रूसी, चीनी, सिंहली, बर्मी, जापानी, अरबी, फारसी, कौन-सी दुनिया की ऐसी भाषा है जिसे राहुलजी न जानते हों?

भ्रमण-शास्त्र के वह आचार्य हैं। जीवन-पर्यन्त जन्मजात पर्यटक रहे। इसलिए कहीं भी एक जगह टिकाए न टिक पाए। बचपन में परसा और तिरुमशी मठ के उत्तराधिकारी महाधीश रहे। लेकिन, वह महन्ताई थोड़े ही समय में त्याग दी। लेनिनग्राद के सुविख्यात

विश्वविद्यालय में प्राच्य भारतीय भाषाओं के प्राध्यापक रहे, लेकिन कुछ ही काल में उसे भी त्याग दिया। मसूरी में घर बनाया पर बेच दिया। अब इधर श्रीलंका में हैं। कब तक वहां टिक पाएं इसमें संदेह है।

राहुलजी जितने महान मनीषी हैं, उससे भी अधिक महान मानव हैं। सहजता, सरलता, सौम्यता, सहृदयता आदि गुणों ने उन्हें मनुष्यत्व से बहुत ऊपर उठा दिया है। इतनी आत्मीयता से हृदय खोलकर बातें करते हैं कि मिलने वाला गद्गद् हुए बिना नहीं रहेगा। उनकी नरभिमानता के आगे भला कौन नहीं झुकेगा। इसीलिए तो वह समान रूप से सभी के प्रिय और पूज्य हैं।

साधारण-सा कुर्ता, पायजामा, चप्पल पहने देखकर कोई नवागंतुक विश्वास नहीं कर सकता कि महापंडित राहुल सांकृत्यायन यही हैं।

लगभग चार-पांच वर्ष बीते होंगे। सवेरे के वक्त हम ऋषि भवन (जैनेन्द्रजी का कार्यालय) में बैठे चाय पी रहे थे। जाड़ों के दिन थे। सवेरा हुआ ही था। तीन कप चाय। दो पीने वाले। वह कैसे। सोच ही रहा था कि देखा सामने ऊनी गोल टोपा और मोटे लंबे ओवर कोट में लिपटे राहुलजी खड़े हैं। पूछ रहे हैं जैनेन्द्रजी आ गए क्या?

जैनेन्द्रजी बस आने ही वाले थे। चाय का तीसरा प्याला बड़ी श्रद्धा से मैंने राहुलजी की ओर बढ़ाया। चुपचाप पी गए। बाद में जब राहुलजी चले गए तो मालूम हुआ कि उन्हें मधुमेह है। मैं चीनी ज्यादा लेता हूं, इसलिए उनके कप में भी जरूरत से ज्यादा पड़ गई थी। पर, राहुलजी ने कुछ भी न कहा।

सोचता हूं तो ख्याल आता है, वह जीवनभर कड़वे से कड़वा युग का गरल पीते रहे। कभी उन्होंने कुछ भी शिकायत नहीं की। बल्कि उल्टे विनिमय में अमृत देते रहे। फिर वह तो मीठा जहर था। भला वह क्यों कहने लगते।

आज इस 69 वर्ष की अवस्था में भी ज्ञान की पिपासा, भ्रमण की अभिलाषा बुझी नहीं। पढ़ना-लिखना और स्वच्छन्द रूप से घूमना, यही उनकी जीवनभर दिनचर्या रही। दुर्लभ ग्रंथों का संग्रह कर सके और नई-नई खोजों से मां भारती की श्री वृद्धि करते रहे। इसी उद्देश्य की पूर्ति के लिए उन्होंने प्राध्यापकी की। इधर-उधर परिभ्रमण किया और न चाह कर भी परिस्थितियों से समझौता किया। उनका महान देश भारत उन्हें इतनी भी सुविधाएं नहीं दे सका। कल का इतिहास इसे दुहराएगा तो उत्तर क्या होगा?

राहुलजी के स्वास्थ्य में, सुना, अब कुछ सुधार है। पर, काम इस अवस्था में भी चलता रहता है। डॉक्टरों के मना करने के बावजूद अंतर नहीं आता। 'जीवन चलायमान है और काम असल' उनके इस सिद्धांत से जब आज कि उन्हें कोई डिगा न पाया तो, भला अब क्या पा सकेगा।

❑ **(सन् : 1961)**

विष्णु प्रभाकर
निरन्तर संघर्ष का विनम्र स्वर

''आपने हमारे पिताजी को जेल भेजा है। आप उन्हें छोड़ दें...''

कमल ने उसी दृढ़ स्वर में आगे कहा, ''हमारे पास पचास रुपये हैं। सुना है आपने तीन हजार लेकर एक डाकू को छोड़ा है...''

''लेकिन हमारे पिताजी तो डाकू नहीं। महंगाई बढ़ गई थी। उन्होंने केवल बीस रुपये की रिश्वत ली थी,'' नीना बोली।

कमल ने कहा, ''रुपये थोड़े हों तो...''

''तो... तो... मैं एक-दो दिन आपके पास रह सकती हूं,'' नीना ने कुछ सोचते हुए कहा।

नीना की बात अभी पूरी भी नहीं हो पाई थी कि कमल बोल पड़े, ''मेरी दीदी खूबसूरत है। सुना है कि आप खूबसूरत लड़कियों को लेकर काम कर देते हैं...''

आठ और दस साल के दो बच्चे! मां गुजर चुकी है। पिता क्लर्क हैं। बीस रुपये रिश्वत लेने के अपराध में सजा मिली है। बच्चे जज के सामने खड़े कह रहे हैं। क्या कह रहे हैं, उन्हें स्वयं भी पता नहीं।

आप यह जानना चाहेंगे कि ये बच्चे कौन हैं? इनके पिता का ऑफिस कहां है? जज साहब ने क्या उत्तर दिया? और फिर क्या हुआ?

ये बच्चे कोई भी हो सकते हैं इनके पिता किसी भी ऑफिस में बैठे देखे जा सकते हैं। यदि आप ध्यान से देखें तो अपने ही कस्बे या शहर में आपको ये जज साहब भी मिल जाएंगे।

एक बार मैंने अपने कस्बे में ध्यान से देखा था तो मुझे मिल गए थे। गुस्से से उफनते हुए कह रहे थे, ''देखी आपने विष्णुजी की कारस्तानी! हम पर कहानी लिखते हैं! 'धरती अब भी घूम रही है' हम लोगों पर जानबूझकर लिखी गई है। अरे, आज तो साइन्स का मिडिल-फेल स्टूडेण्ट भी जानता है कि धरती घूमती है, अब भी घूम रही है और आगे भी घूमती रहेगी। इसमें नई बात क्या है? कहानी लिखनी ही थी

तो कोई अच्छा सब्जेक्ट चुनते। कोई अच्छा-सा हैडिंग रखते। भई, अदालतों में घूस इस तरह थोड़े ही ली जाती है! ओन्ली फिफ्टी रुपीज दिलवा कर उन्होंने हमको बदनाम कर दिया है।''

जज साहब ठीक कह रहे थे। विष्णुजी ने आज तक बहुत-से लोगों को बदनाम किया है। बड़े-बड़े लोगों पर कहानियां लिखी हैं। नाई, धोबी, कुम्हार, जो भी लोग उनके मुहल्ले में रहते हैं उन पर उन्होंने कहानियां ही नहीं लिखीं, उपन्यास और नाटक भी रच डाले हैं।

सन् 1947 के दंगों के दिनों में उन्होंने अपनी पीठ पर जिन लोगों की भारी-भारी लाशें ढोई थीं, उन्हें भी उन्होंने बख्शा नहीं। कभी हिन्दुओं को बुरा-भला कहा, तो कभी मुसलमानों को!

जो आदमी सबका विरोध करेगा, उसका साथ कौन देगा?

पर विष्णुजी का विरोध उग्रजी की तरह 'डण्डा छाप' नहीं। हल्की-सी छड़ी हवा में घुमाकर वह बहुत कुछ कह जाते हैं। यह शायद 'गांधीवाद' का असर है उन पर।

लोग कहते हैं कि वे जानबूझकर पुरानी दिल्ली के पुराने मुहल्ले में रहते हैं। संकरी गलियों में गुजरते समय बदबू के मारे बेहाल हो जाता है। समाज के सुप्रतिष्ठित, सम्भ्रांत लोग जहां जाते हुए अपने को 'छोटा' अनुभव करते हैं। उनके बहुत-से रिश्तेदार शायद इसीलिए उनके घर पर रहने से कतराते हैं।

विष्णुजी गत 27 साल से वहां रह रहें हैं, क्यों? हो सकता है प्रेमचन्द बनने की साध उनके मन में कहीं छिपी बैठी हो। कहते हैं प्रेमचन्द ने अपने जीवन में बहुत संघर्ष किए थे। लेकिन, प्रेमचन्द और विष्णुजी में अंतर है। प्रेमचन्द और विष्णुजी के संघर्षों में अंतर है। प्रेमचन्द कलम के सिपाही होकर उपन्यास-सम्राट बन गए। लेकिन विष्णुजी कलम के सिपाही हैं, कलम के सिपाही ही रहेंगे। आखिर किसने कहा था उनसे कि हिसार के उस विशाल पशु-फार्म की मलाई, मक्खन छोड़कर दिल्ली के इस गए-गुजरे मुहल्ले में वास करें और सूखे चने चबाएं।

कहते हैं दिन-भर का भूला शाम को रास्ते पर आ जाए तो भूला हुआ नहीं कहा जा सकता। लोग बतलाते हैं कुछ वर्ष दिल्ली की गलियों की खाक छानने के बाद विष्णुजी भी रास्ते पर आ गए थे। उन्हें आकाशवाणी में बहुत अच्छा ओहदा मिल गया था। पर एक दिन लगी-लगाई सात-आठ सौ की नौकरी भी उन्होंने छोड़ दी थी। क्यों?

विष्णुजी ने बहुत अच्छे-अच्छे नाटक लिखे हैं। उनके आलोचक कहते हैं कि उन्होंने यह भी एक नाटक किया था कि वे किसी तरह साहित्यकार कहला सकें।

कितना बड़ा भ्रम था यह! वे भूल गए थे कि आज की दुनिया में कार के बिना साहित्य आगे नहीं बढ़ पाता। फिर उन्होंने तो पैदल ही बहुत बड़ी मंजिलें तय करने के सपने संजोए थे! आखिर क्यों?

यह सब देखकर लगता है कि या तो विष्णुजी बहुत अधिक व्यावहारिक हैं, या एकदम अव्यावहारिक! इन दोनों के बीच की स्थिति हो नहीं सकती।

मैं जब-जब यह सब सोचने लगता हूं मुझे संदेह होने लगता है- विष्णुजी पर ही नहीं, अपने पर भी। उन्हें समझने में कहीं मैं भूल तो नहीं कर रहा! कहीं जज साहब ने ठीक ही तो नहीं कहा था...

विष्णुजी को आप जानते हैं या नहीं, या कितना जानते हैं, मैं नहीं कह सकता, लेकिन गत 15-16 साल से विष्णुजी से मेरा परिचय रहा है। वर्षों के हिसाब से उनसे बहुत छोटा होते हुए भी, महीनों के लिहाज से उनसे लगभग दो महीने बड़ा हूं।

मैंने उन्हें हर रूप, हर रंग में देखा है। सर्वोदयवादियों के साथ देखा है, साम्यवादियों के साथ देखा है, गांधीवादियों के साथ देखा है, नास्तिकों के साथ देखा है, आस्तिकों के साथ देखा है। लगता है मैंने एक नहीं अनेक विष्णु प्रभाकरों को देखा है। एक ही जिंदगी को अलग-अलग स्तरों पर जीते हुए देखा है।

विष्णुजी का व्यक्तित्व विरोधाभासों से भरा है। आज के इस वैज्ञानिक युग में वे मस्तिष्क से अधिक महत्व मन को देते हैं। पैसे को मित्रता से बड़ा मान बैठते हैं। घूमने का उन्हें व्यसन है, लेकिन भीड़ से घबराते हैं। खादी के उजले वस्त्र पहनकर 'खद्दरधारियों' की सरेआम भर्त्सना करते हैं। चेहरे-मोहरे से राजनीतिज्ञ लगने पर भी राजनीति से उनका रत्ती भर भी वास्ता नहीं। बहुत-सी बातों से जुड़े होकर भी वे अलग-से लगते हैं, और अलग होते हुए भी किसी-न-किसी रूप में जुड़े हुए।

अतः लोगों में भ्रम हो पड़े तो आश्चर्य नहीं।

लिखने-पढ़ने की ओर झुकाव न होता तो आज वे आर्यसमाज के बहुत बड़े नेता बन चुके होते। लिखने-पढ़ने के लिए उन्होंने सब कुछ दांव पर लगा दिया था। बड़ी-बड़ी लड़ाइयां मोल लीं। कुर्बानियां कीं। कष्ट झेले, लेकिन कभी रंच-मात्र भी झुके नहीं। जहां तक बन सका गलत समझौतों से बचते रहे। शायद इन्हीं की बदौलत विष्णुजी विष्णुजी बन पाए हों तो अचरज नहीं।

कष्ट क्या होता है? क्या होता है संघर्ष, इसे वही समझ सकता है, जो उस राह से गुजर चुका हो। सत्रह रुपये मासिक के एक साधारण दफ्तरी के रूप में उन्होंने अपनी जीवन-यात्रा आरंभ की थी। कॉलेज में पढ़ने की साध मन में ही घुट-घुटकर दम तोड़ गई थी। यह बात नहीं थी कि उनका जन्म किसी विपन्न परिवार में हुआ हो! वह उस हवेली में जन्मे थे, जिसकी छत के नीचे सौ से अधिक प्राणी एकसाथ

रहते थे। लेकिन धीरे-धीरे सब बदल गया था। उन्हें वे दिन भी देखने पड़े जब लू थपेड़ों के बीच गरम कपड़े पहनकर पाठशाला जाना पड़ता था। और इस 'अपराध' के लिए 'मास्साब जी' से मार खानी पड़ती थी।

जब पहनने लायक कपड़े घर में नहीं तो फिर क्या किया जाता?

पिताजी की दुकान में तमाखू के टोकरों के साथ एक टोकरे में पुरानी पुस्तकें भी पड़ी रहती थीं, उन्हें पढ़ने और फाड़ने का दायित्व उन्होंने ही उठाया था। शायद यह शुरुआत थी उनके लेखक बनने की।

साधन-विहीन होने के बावजूद पढ़ने की प्रबल आकांक्षा रही। इसलिए दूर दूसरे शहर में नानी के घर जाकर पढ़ना पड़ा था।

फिर पन्द्रह साल की क्लर्की के बाद भी हाथ क्या आया?

जहां-तहां भाग-भागकर उन्होंने संस्कार और सद्गुण सहेजे थे और उन्हीं तिनकों के सहारे एक अलग नीड़ का निर्माण किया था। विष्णुदयाल, विष्णुदत्त, विष्णु गुप्त और विष्णु प्रभाकर- उन्होंने इन कई पड़ावों के माध्यम से कई मंजिलें तय की थीं।

क्रान्तिकारी बनकर देश की सेवा उनसे न हो सकी। शायद वह इस योग्य न थे। लेकिन गत आधी-शताब्दी से खद्दर अवश्य पहन रहे हैं। पांच वर्ष के खद्दरधारी बालक को भाषण करते देख चाचा ने एक दिन टोका था, "देख बे एक जे लौण्ड्डा है, फर-फर कैसा बोल्ले है और एक है तू!"

विष्णुजी ने उस दिन जो सफेद टोपी धारण की वह अब तक नहीं उतरी। बस में कई बार लोग फब्बतियां कसते हैं, वैसे भी लोग छींटा कसने से बाज नहीं आते। लेकिन उन्हें क्या? वे थोड़ा ही कांग्रेसी हैं! गांधीवादी हैं!

विष्णुजी गांधीवादी हैं या नहीं, लेकिन धुन के धनी अवश्य हैं। जिस दिन से लेखन को उन्होंने व्यवसाय के रूप में अपनाया उस दिन से रोज नियमित रूप से लिखते हैं। बरखा हो या धाम, सर्दी हो या गरमी—वे अवश्य लिखेंगे। ऐसी निष्ठा हिन्दी के लेखकों में मैंने कम ही देखी है।

इसी निष्ठा से आज से लगभग 13-14 साल पहले एक और काम शुरू किया था उन्होंने। बंगला के सुविख्यात कथा-शिल्पी शरतचन्द्र चट्टोपाध्याय की जीवनी लिखने की योजना बनाई थी। मैंने पहले कहा न कि विष्णुजी व्यावहारिक नहीं है। यदि व्यावहारिक होते तो अपनी ही आत्मकथा क्यों न लिखते? अपने को ही मसीहा क्यों न घोषित कर डालते? बिना अधिक लिखे लोगों ने हंसी-हंसी में अपने बड़े-बड़े अभिनन्दन ग्रंथ अपने ही बलबूते पर छपवा लिए। फिर विष्णुजी ने तो अब तक साहित्य के मैदान में काफी घास छील ली थी। 50-60 वर्ष की वय में 50-60 पुस्तकें कुछ कम तो नहीं!

लेकिन नहीं, विष्णुजी किसी हद तक सिद्धांतवादी हैं, जहां तक बन सकता है, बचते हैं। कतराते हैं। अभी कुछ दिन पहले लोगों ने उनके विरुद्ध षड्यंत्र करके उनकी षष्ठिपूर्ति पर उनका अभिनन्दन करवा दिया था। विष्णुजी की हालत तब देखने लायक थी।

मसीहा बनने की अपेक्षा, मसीहा बनाने में उनकी रुचि रही है। साधन-विहीन होने के बावजूद उन्होंने शरतचन्द्र की जीवनी लिखने का ठेका लिया था। तब तक बंगला में भी एक अच्छी जीवनी शरत बाबू की नहीं छपी थी। हिन्दीवाले प्रसारवादी हैं न! देखिए विष्णुजी उत्तर प्रदेश, बिहार की सीमाएं लांघकर बंगाल तक पहुंचकर दुस्साहस कर रहे हैं।

विष्णुजी बिहार, बंगाल ही नहीं, 'आवारा मसीहा' की खोज में भटकते-भटकते बर्मा तक चले गए थे। जब, जहां, जिस रूप में जो सामग्री मिली, उन्होंने बटोर ली। लगभग गत तेरह साल से वह सामग्री बटोरने में लगे हैं। हजारों रुपये अब तक उन्होंने फूंक डाले हैं।

उन्होंने बंगला सीखी। बंगाल, बिहार, बर्मा के उन सब लोगों से संपर्क स्थापित किए जो शरत बाबू को व्यक्तिगत रूप से जानते थे। शरत बाबू के दुर्लभ पत्र इकट्ठे किए। संस्मरणों को एकत्रित किया। हजारों पृष्ठ की सामग्री को अनेक बार संशोधित किया, लिखा। तब कहीं खाका बना 'आवारा मसीहा' का।

गत वर्षों में वे सब लोग प्रायः मर-खप चुके हैं, जो शरत बाबू के साथी थे या उन्हें जानते-पहचानते थे, लेकिन विष्णुजी को इस एकत्रित सामग्री से संतोष नहीं। अभी भी खोज जारी है। 'खाके' में रंग भरने का काम चल रहा है। कब तक चलेगा भगवान जाने!

विष्णुजी का यह कार्य ऐतिहासिक महत्व का है। राष्ट्रीय एकता की दृष्टि से भी कम अनुकरणीय एवं श्लाघ्य नहीं। शरत बाबू बंगला के ही नहीं, समस्त भारतीय भाषाओं के उपन्यासकारों में अपना विशिष्ठ स्थान रखते हैं। इतने महान कथाकार की प्रामाणिक जीवनी का न होना कितने बड़े दुर्भाग्य की बात थी!

शरत बाबू का व्यक्तित्व बड़ा ही रहस्यमय था। उनके जीवन की घटनाओं के विषय में लोगों की अलग-अलग धारणाएं थीं। जो उनके समकालीन थे-प्रत्यक्षदर्शी, उनके भी विचार मिलते न थे। ऐसे महान, अनोखे, विवादास्पद व्यक्ति के जीवन के विषय में कुछ लिखना खतरे से खाली नहीं था। भारत में जितने प्रशंसक शरत बाबू के हैं, उतने शायद ही भारतीय भाषाओं में किसी लेखक के हों! इसलिए उन पर लिखना और भी जोखिम का काम था।

विष्णुजी ने पूरी निष्ठा के साथ यह महायज्ञ किया। इससे हिंदी का गौरव बढ़ा है। भारतीय भाषाओं के सामने उन्होंने एक आदर्श उपस्थित किया है।

इतने अथक प्रयास के बावजूद विष्णुजी को क्या मिलेगा? वे कभी किसी ग्रुप में नहीं रहे। कभी किसी पार्टी का पल्ला उन्होंने नहीं पकड़ा। साहित्य के वाद-विवादों से भी जहां तक बन सका बचते रहे। उनके आलोचक उन्हें 'मीडियाकर' से अधिक मानने को तैयार नहीं। नई पीढ़ी के लोग उन्हें पुरानी पीढ़ी वाला कहते हैं, सींग तुड़ाकर बछड़ों में मिलने का आरोप लगाते हैं, पुरानी पीढ़ी वाले अपने चिलम की बिरादरी में भी सम्मिलित करने को तत्पर नहीं दीखते!

विष्णुजी इन सारी बातों से जुड़कर भी, इनसे अलग हैं! लोग साहित्यकार मानें या न माने, उन्हें फर्क पड़ने वाला नहीं है।

'गांधीवादी' आवरण से ढका उनका व्यक्तित्व वैसा ही सरल, सहज है- तटस्थ।

साहित्य के मैदान में हार-जीत का फैसला इतनी जल्दी तो नहीं होता! और अभी कयामत के काफी दिन बाकी हैं।

❑

(सन् : 1972)

डॉ. आत्मप्रकाश
महान चिकित्सक ही नहीं, महान व्यक्ति भी थे

'डॉ. आत्मप्रकाश नहीं रहे।'

'आकाशवाणी' से शाम के समाचारों में जब सुना तब सच नहीं लगा। अभी चार-पांच दिन पहले ही तो उनसे मुलाकात हुई थी। उन्होंने सोमवार प्रातः नौ बजे फिर मिलने का समय दिया था।

'आप ग्राउण्ड फ्लोर पर आ जाइएगा- रूम नम्बर फोर...।' चलते-चलते हमेशा की तरह मुस्कराते हुए वह बोले थे।

आज रविवार है!

कल सोमवार!

क्या पता था कि सोमवार की सुबह उनसे मिलने मेडिकल इन्स्टीट्यूट नहीं, निगमबोध घाट जाना होगा- अंतिम दर्शन के लिए।

अभी उमर ही क्या थी! 54 साल भी तो पूरे नहीं किए थे।

*

डॉ. आत्मप्रकाश का जन्म 7 जुलाई, 1928 को मुजफ्फर नगर में हुआ था। बचपन से ही वह विलक्षण बुद्धि के थे। 'किंग जार्ज मेडिकल कॉलेज', लखनऊ से प्रारंभिक अध्ययन पूरा करने के पश्चात् विशेष अध्ययन के लिए कनाडा तथा अमेरिका चले गए थे। कनाडा प्रवास के थोड़े ही समय में वह इतने प्रख्यात हो गए थे कि कनाडा सरकार ने उन्हें स्थायी रूप से वहां रहने की अनुमति ही नहीं दी, बल्कि 'ओटावा जनरल हॉस्पिटल' में उन्हें सलाहकार भी नियुक्त कर दिया था।

परंतु डॉ. आत्मप्रकाश को इतनी सुख-सुविधाएं रास नहीं आईं। उन्होंने सन् 1958 में भारत आकर अपने लोगों की सेवा करने का निश्चय किया। सन् 1959 से वह 'अखिल भारतीय आयुर्विज्ञान संस्थान', नई दिल्ली में आ गए। और लगभग आठ वर्ष पश्चात् उन्हें शल्य-चिकित्सा विभाग का अध्यक्ष नियुक्त किया गया।

डॉ. आत्मप्रकाश भारत के अलावा ब्रिटेन, अमेरिका, कनाडा, लेबनान आदि देशों के कई विश्वविद्यालयों में विजिटिंग प्रोफेसर थे। सन् 1977 में 'दिल्ली मेडिकल एसोसिएशन' ने उन्हें अपना अध्यक्ष चुना था।

सन् 1966 में उन्हें कनाडा में 'रायल कॉलेज ऑफ सर्जन' ने 'ट्रेवल फैलोशिप' के सम्मान से विभूषित किया था। इसके तीन ही वर्ष पश्चात् सन् 1969 में फ्रांसीसी सरकार ने उन्हें अतिथि वैज्ञानिक के रूप में आमंत्रित किया था। सन् 1972 में 'एसोसिएशन ऑफ कामनवैल्थ यूनिवर्सिटीज ने सीनियर मेडिकल फैलोशिप प्रदान की। इसके कुछ वर्ष बाद सन् 1976 में उनकी महत्वपूर्ण खोजों के लिए 'एसोसिएशन ऑफ सर्जन ऑफ इण्डिया' ने उन्हें 'हरिओम आश्रम' पुरस्कार दिया था।

सन् 1973 में राष्ट्रपति ने उन्हें अपना मानद सर्जन नियुक्त किया था। गत माह उनकी बहुमूल्य सेवाओं को देखते हुए उन्हें 'पद्मभूषण' से सम्मानित किया गया था। इसके साथ ही 'डॉ. विधानचन्द्र राय अवार्ड' भी उन्हें मिला था।

*

एक बार बातों-ही-बातों में वह कहने लगे, 'भारत में वर्ष भर में मुझे जितना मिलता है, उससे कहीं अधिक विदेशों में रहकर मात्र एक महीने में मिल सकता है। परंतु यहां मुझे जो संतोष मिलता है, वह अन्यत्र कहां मिलेगा? दुखी लोगों की दुआओं से बढ़कर भला कौन-सी दौलत हो सकती है।'

इसी प्रसंग में उन्होंने एक घटना सुनाई थी कि किस तरह से एक बार गांव का एक गरीब रोगी यहां इलाज के लिए आया। इससे पहले जिन डॉक्टरों ने उसे देखा था, सबने जवाब दे दिया था। ऑपरेशन के पश्चात् वह ठीक हो गया और घर चला गया।

कुछ महीने बाद वह गन्ने का छोटा-सा गट्ठर और एक थैले में अनाज लेकर आया। कहने लगा, 'इसे रख लीजिए। आपने मुझे नई जिंदगी दी। जिससे घर लौटकर खेतों में मैं फिर से काम कर सका। यह पहली फसल है, मेरी नई जिंदगी की- उस जिंदगी की जो आपने मुझे दी।' उसकी बूढ़ी आंखों में स्नेह के आंसू थे।

*

आठ-आठ घंटे ऑपरेशन टेबल पर लगातार खड़े होकर वह ऑपरेशन किया करते थे। इसके बाद भी चेहरे पर थकान की एक भी रेखा कहीं झलकती न थी।

जो भी दु:खी, जिंदगी से निराश उनके द्वार पर आया, वह हमेशा हंसता हुआ ही लौटा।

पहले 'हार्ट अटैक' के पश्चात् उनके साथी चिकित्सकों ने सलाह दी थी कि वह अधिक श्रम न करें। किन्तु उन्होंने कभी भी इस सलाह पर विचार नहीं किया।

*

महाकवि पन्त का ऑपरेशन उन्होंने ही सफलतापूर्वक किया था। ऑपरेशन के बाद जब मैं उनसे मिला तब उन्होंने पेन्सिल से सामने रखे कागज पर रेखाचित्र बनाकर विस्तार से बतलाया कि यह कठिन ऑपरेशन उन्होंने कैसे संपन्न किया।

बतलाते-बतलाते कुछ रुककर उन्होंने मेरे चेहरे की ओर देखा। फिर रहस्यमय ढंग से बोले, 'आप किसी से कहेंगे तो नहीं?'

'नहीं,' मैंने उसी तरह सिर हिलाया।

पेन्सिल से एक तिरछी रेखा खींचकर उन्होंने कहा, 'जिगर का यह हिस्सा भी हमने निकाल दिया है। कैंसर की संभावना के कारण...।'

महादेवीजी का ऑपरेशन भी उन्होंने ही किया था। और भी कितने ही साहित्यकारों का। हम अक्सर हंसी में उनसे कहते थे, 'डॉक्टर साहब, मेडिकल इंस्टीट्यूट के अधिकांश डॉक्टर केवल बड़े-बड़े राजनीतिज्ञों के ही डॉक्टर हैं, आप राजनीतिज्ञों के साथ-साथ गरीब लेखकों की भी खोज-खबर रखते हैं। वास्तव में आप तो लेखकों के ही डॉक्टर हैं। हमें भरोसा रहता है कि कभी बीमार पड़ेंगे तो बिना मौत नहीं मरेंगे, आपके रहते हुए।'

वह खिलखिलाकर हंस पड़ते थे।

हिन्दी से उन्हें विशेष मोह था। डॉक्टर आम आदमी की भाषा न समझ सकें तो रोगियों को पीड़ा कैसे समझ सकेंगे! इसीलिए अपने छात्रों को भी हिन्दी सीखने और व्यवहार में लाने के लिए प्रोत्साहित करते रहते थे। कैलाश साह के साथ मिलकर उन्होंने एक पुस्तक तैयार की थी–'शल्य चिकित्सा के वरदान', जिसे उत्तर प्रदेश सरकार ने पुरस्कृत भी किया था।

'साप्ताहिक हिन्दुस्तान' में जब उनके रोचक, प्रेरक संस्मरण छपे थे, तब कितने ही लोग उनके अनन्य प्रशंसक हो गए थे।

जब भी उनसे मिलता था, उनका पहला प्रश्न होता था, 'आजकल क्या लिख रहे हैं?'

मृत्यु से कुछ ही दिन पहले की बात है। मैंने अपना नया कहानी-संग्रह उन्हें दिया तो खुश होकर बोले, 'आपने जो उपन्यास पहले दिया था, उसे मैंने ही नहीं, कई लोगों ने पढ़ा था। यात्रा में ही पढ़ने का समय मिल पाता है। अगली यात्रा में इसे ही पढ़ूंगा।'

अगली यात्रा से पहले ही महायात्रा होगी, किसे पता था!

*

शायद 24 जनवरी की रात थी। उनका फोन आया, 'मेडिकल इंस्टीट्यूट में हिन्दी का एक कार्यक्रम है 29 तारीख को। आपको आना है!'

निश्चित समय में साहित्यिक मित्रों के साथ वहां गए तो वह उसी प्रसन्न मुद्रा में मिले।

कार्यक्रम की समाप्ति के पश्चात् कुछ देर बैठे तो अंकुरित अनाज की देर तक प्रशंसा करते रहे, 'इसमें सबसे अधिक विटामिन 'ई' होता है। कच्ची मूंगफली भी स्वास्थ्य के लिए लाभदायक रहती है। विटामिन 'ई' से शरीर में शक्ति बनी रहती है...।'

उनके आदेश का पालन करते हुए तब से निरंतर विटामिन 'ई' का सेवन कर रहा हूं। रोज प्रातः अंकुरित दाल देखते ही डॉक्टर साहब की याद अनायास आ जाती है।

'कभी घर आइए न!' उन्होंने चलते समय कहा।

'डॉक्टर साहब, पहले आप कान्फ्रेंस कर लीजिए, तब ठीक रहेगा...।'

17 फरवरी से दिल्ली में आयोजित 'वर्ल्ड कांग्रेस ऑफ सर्जरी' के संयोजक वे ही थे। 136 देशों से 1500 से अधिक विख्यात शल्य चिकित्सक उसमें भाग ले रहे थे।

आगामी दो वर्षों के लिए इस विश्वविख्यात संगठन का अध्यक्ष उन्हें ही निर्वाचित किया जाना था, किन्तु उससे तीन ही दिन पहले सहसा हृदय गति रुक जाने के कारण वह संसार से ही चले गए।

कहते हैं कि राष्ट्रपति महोदय को इस समारोह का उद्घाटन करना था, किन्तु ऐन वक्त पर राष्ट्रपति भवन से कुछ ऐसी पेचीदगियां पैदा हुईं कि डॉ. आत्मप्रकाश को ऐसा आभास हुआ कि कदाचित राष्ट्रपति महोदय के लिए इस समारोह का उद्घाटन करना संभव नहीं होगा। जो अपने रोगियों को हमेशा अपना संतुलन बनाए रखने की सलाह देते थे, स्वयं अपना संतुलन नहीं बनाए रख सके! राष्ट्रपति महोदय समारोह में न आएं तो उनकी प्रतिष्ठा का क्या होगा? इसी उहापोह में वह चले गए।

कारण कुछ भी रहा हो। इतने बड़े अंतरराष्ट्रीय ख्याति के सर्जन की अकाल मृत्यु से कितनी बड़ी राष्ट्रीय क्षति हुई है, इसकी कल्पना सहज नहीं।

वह महान चिकित्सक ही नहीं, महान व्यक्ति भी थे। इतना सेवाभावी, दयालु आदमी आज की दुनिया में कहीं हो सकता है!

❑

(सन् : 1982)

सजीव प्रतिमाओं का सृष्टा : रामसुतार

एक कलाकार की कहानी, चम्बल की जबानी

भटकता-भटकता एक बार गांधी नगर पहुंचा। वहां भारत के सुविख्यात शिल्पी रामसुतार की बेटी चम्बल के दर्शन हुए। कलाकार रामसुतार और उनकी कला के विषय में उसने मुझे विस्तृत जानकारी ही नहीं दी, बल्कि रामसुतार की जन्मभूमि के दर्शन भी कराए। उसी भेंट का वर्णन पाठकों के सामने ज्यों-का-त्यों प्रस्तुत कर रहा हूं। –लेखक

'देखिए,' चम्बल ने कहा, 'यह धूलिया है- खानदेश का पूना!' उसने सामने की ओर इंगित किया- 'और वह देखिए, पांझर का हरा-भरा किनारा! और वह छोटा-सा गांव–गोन्दूर। जहां मेरे पिता रामसुतार का जन्म हुआ।...'

धरती पर गहरे-गहरे निशान छोड़ते दो चरण आगे बढ़ रहे थे और उनके पीछे-पीछे मैं।

दो-ढाई सौ मवासे वाला नन्हा-सा गोन्दूर मुझे सचमुच बहुत आकर्षक लगा। उत्तर-पश्चिम की ओर सोया शांत सरोवर। तट पर भव्य प्राचीन मंदिर, जिसकी झिलमिलाती प्रतिच्छाया नीलकमल के चौड़े पत्तों पर, जल की बूंदों के साथ रह-रहकर तिर रही थी। धावा की छत से ढके बौने घरौंदे सांझ के सूरज की सिन्दूरी किरणों में नहा रहे थे।

'यह माटी का घर...।' चम्बल कहती-कहती ठिठक गई। शायद उसके पांव कीचड़ में धंस गए थे। 'हां, यह, जहां मेरे पिता का जन्म हुआ था।...'

मैंने उझककर झांका। भीतर से लकड़ी काटने की, शहतीरे चीरने की सर... र... सर... र... आवाज आ रही थी। दाएं कोने में मिट्टी का दिया दिपदिपा रहा था। एक वयोवृद्ध सज्जन काठ के टुकड़ों पर झुके थे। न जाने किन भावों में लीन!

'कौन?... मैं कह ही रहा था कि चम्बल बोल पड़ी- 'हं, आप नहीं जानते!' उसने सहज विस्मय से मेरी ओर देखा–'यही तो है अपने दादा।'

'दादा! कर क्या रहे हैं?'

'च... च... च...' चम्बल ने मेरी ओर देखा- 'देखते नहीं, काठ के टुकड़ों में प्राण

फूंक रहे हैं। इन्हीं से तो विरासत में मिला है, मेरे पिताजी को पत्थरों में प्राण फूंकने का अधिकार।'

'यह तो बहुत बूढ़े लगते हैं न!' कुछ सोचते हुए मैंने कहा।

'हां।' चम्बल ने एक गहरी सांस ली, 'जिनके जीवन में संघर्ष-ही-संघर्ष रहता है, वे समय से बहुत पहले ही बूढ़े हो जाते हैं न...!'

'हां, शायद चम्बल ठीक कह रही थी! वे समय से बहुत पहले ही बूढ़े हो जाते हैं!

*

पता नहीं गोन्दूर कब कितने पीछे छूट गया। अब फिर धूलिया की धूल भरी सड़कें थीं। पर, चम्बल का उत्साह असीम था- 'देखिए!...' कहती जा रही थी वह- 'यह घर, जिसकी अधखुली खिड़की पर फटी चिक झुलती दिखलाई दे रही है, श्री एस.के. जोशी का है। बेचारे छोटे-से 'आर्ट मास्टर' हैं न!... यह ही मेरे पिता, माता, भाई, बन्धु सब कुछ हैं। यह न होते तो मेरे पिता आज कुछ भी न होते।'

बड़ी ही तेज चाल से चल रही थी चम्बल! कहां वह 30-35 ऊंची देवांगना, कहां मैं बीसवीं सदी का बौना मनुष्य! फिर भी घिसटता-घिसटता साथ चल रहा था।

चम्बल ने वे सभी स्थान दिखाए, जहां उगते कलाकार रामसुतार ने अपने संघर्षमय शैशव के कठोर दिन बिताए थे। बरगद के पेड़ की जड़ से होकर गुजरने वाला फुटपाथ! घर जिसके बरामदे में, भभकती ढिबरी के नीचे, सारी रात बैठकर वह पेंटिंग किया करते थे।

'आप विश्वास नहीं करेंगे! सच, मेरे पिता ने कैसी-कैसी कठिन घड़ियां गुजारी हैं! लेकिन वह कभी विचलित नहीं हुए। उन्होंने हर अभिशाप को वरदान माना। तभी तो आंच पर तपकर आज कुन्दन हो गए हैं न!'

शायद चम्बल ठीक कह रही थी, मैं चुप सोचता रहा।

हम 'कला की दुनिया' में विचरण करते हुए सड़क पर से गुजर रहे थे। दीन-दुनिया की कुछ भी खबर न थी हमें। तभी पीछे शोरगुल सुनाई पड़ा। मुड़कर हमने झांका—हजारों आदमी हमें अजायबघर के जंतुओं की तरह घेरे खड़े घूर रहे हैं। इतनी ऊंची नारी संभवतः उन्होंने अपने जीवन में न देखी हो!

ऊंची वेणी, बड़ी-बड़ी कजरारी आंखें, ममतामयी आकृति—अजन्ता की प्राचीन पाषाण प्रतिमा-सी लगती थी वह!

धीरे-धीरे बाढ़ की तरह भीड़ बढ़ती चली गई। पुलिस का घेरा तोड़कर जब वह आगे आने लगी तो मैं सचमुच बेहद घबराया। चारों ओर आदमी ही आदमी! सारा धूलिया उलट पड़ा...।

अंत में बचाव का कोई रास्ता न मिला तो हम पास ही प्लेटफार्म की ओर भागे! वह भी खचाखच भरा था। कहीं तिल धरने को ठोर न थी–तो एक मालगाड़ी के रीते डिब्बे का सहारा लिया।

पर भीड़ उधर भी खिंचने लगी। तभी सौभाग्य से पहिए घूमने लगे और लोहे की रेखाओं पर खट्-खट् फिसलते-फिसलते हम दूर निकल चले।

मैं माथे का पसीना पोंछता सोचता रहा, चम्बल के साथ चलकर मैंने सचमुच भूल की है। धूलिया की भीड़ से बच निकले, लेकिन आगे क्या होगा! पता नहीं यह लोहे का अजगर हमें कहां, कितनी दूर ले जा रहा है। सच, रामसुतार की कला महंगी पड़ रही है।

*

सुनो! उठना नहीं है...! किसी ने झकझोरा।

आंखें मलते हुए अचकचाकर मैंने देखा।

'इस के आगे रेल नहीं जाती! यह बम्बई है।...'

'हैं! बम्बई है! लेकिन उतरें कैसे?'

चम्बल ने मेरे मुंह की ओर देखा–'क्यों?'

'क्यों क्या? देखती नहीं सामने खड़ी भीड़!'

हां, भीड़ के भय से हम रात को छिप-छिपकर वहां से निकले। भोजन के पश्चात् कुछ क्षण जुहू में घूमते रहे। फिर आगे निकल गए।

मेरे मन में बम्बई के कुछ विशेष स्थानों के प्रति आकर्षण था। पर चम्बल कुछ दूसरी ही धुन में थी–'देखिए न! यही तो है 'जे.जे. स्कूल ऑफ आर्ट्स'! यहीं मेरे पिता ने वर्षों तक कला का अध्ययन किया था।' रात के अंधियारे में इमारत साफ नहीं दीख रही थी।

कुछ कारखानों की गगनचुम्बी चिमनियों से आग की लाल-लाल लपटें निकल रही थीं। 'यही तो हैं वे कारखाने, जहां मेरे पिता ने मूर्तियां ढालने का अभ्यास किया था। वह कला की साधना में तपते रहे–दिनों तक–महीनों तक–वर्षों तक।

तभी पीछे से सीटी की-सी आवाज टकराई। तीन-चार पुलिस के सिपाही हमारे पीछे-पीछे भागे आ रहे थे।

हम भी आंखें मूंदे ओझल हो गए।

दूसरे दिन अखबारों में खबर छपी दीखी। सनसनीखेज खबरें–अजन्ता की-सी 30-35 फुट ऊंची नारी मेरीन-ड्राइव आदि स्थानों पर घूमती देखी गई। पुलिस रहस्य की तलाश में है।

यहां भी रुकने का अब प्रश्न न था। नई परेशानियां न उठ खड़ी हों, इसलिए कुछ उपाय सोचने का निश्चय किया।

कला के प्रति मेरी जिज्ञासा शायद चम्बल बहुत अच्छी तरह समझती थी। कभी उसने समझाया–'भैया, चलिए न! अजन्ता की ओर चलें। मुई, शहरी सभ्यता का तो यही हाल रहेगा।'

और हम औरंगाबाद की ओर रात्रि की रेल से निकल पड़े।

अजन्ता की गुफाएं देखीं। ऐलोरा की भी। पर चम्बल यहां भी चुप न थी। बोले ही जा रही थी रेकार्ड की तरह–'देखिए, इन गुफाओं में पिताजी पांच साल तक रहे। उन्होंने कितनी ही मृतप्राय: मूर्तियों का पुनरुद्धार किया।'

एक दिन घूमते-घूमते मैं यों ही पूछ बैठा–'चम्बल, कुल कितने सहोदर हो तुम?'

न जाने क्यों चम्बल झेंप गई। दांतों के बीच अंगुली दबाती हुई बोली–'आपको विश्वास नहीं होगा। इस परिवार-नियोजन के युग में भी हमारे भाई-बहन की संख्या अपार है जी।'

क्षण-भर रुककर उसने फिर कहा–'लेकिन देखिए, अधिक होकर भी हमने हर तरह से अपने कलाकार-पिता के गौरव की रक्षा की। अब तो बहुत वर्ष बीत गए, लेकिन पहले-पहल जब उन्होंने छत्रपति शिवाजी की सजीव प्रतिमा बनाई तो तहलका मच गया था। आपको आश्चर्य होगा, केवल छात्रवृत्ति और पुरस्कार की राशि पर ही जीवित रहकर उन्होंने इतने साल तक कला की साधना की। ...नई दिल्ली के प्रदर्शनी-क्षेत्र के प्रमुख द्वार पर खड़े श्रम के साकार स्वरूप हमारे ही तो सहोदर हैं। शायद आपने देखे होंगे। पिताजी ने अकेले ही केवल सात दिन में सात-सात टन की दो विशाल प्रतिमाएं खड़ी कर भारतीय कला-जगत में एक नई मिसाल कायम की!'

चलते-चलते थककर हम एक निर्झर के चरणों पर बैठ गए। फेनिल धारी की ओर देख रहा था मैं, पर चम्बल की दृष्टि दूर कहीं नील-गगन पर निराधार टिकी थी।

'मेरे पिताजी इतनी श्रम-साधना के पश्चात् भी ठोकरें खाते रहे। भटकते-घूमते रहे। भटकते-भटकते एक बार भोपाल पहुंचे। वहां के मंत्री श्री द्रविण ने पिताजी की मूर्तियों के मॉडल देखे तो विभोर हो उठे। बोले–'रामसुतार, गांधी सागर पर चम्बल की साकार सृष्टि तुम ही कर सकते हो, केवल तुम।'

'पिताजी ने तब छ: महीने तक दिन-रात एक कर, समय से पहले ही चम्बल की आत्मा एक माटी की प्रतिमा में प्रतिष्ठित कर दी। उसे भी लोग देवी चम्बल के नाम से पुकारने लगे।... लेकिन आप सच मानिए।' उसने न जाने क्या सोचते हुए कहा–'सच मानिए, वह देवी नहीं है।'

उसने मेरे कन्धों को झकझोरा–'देखिए, मैं देवी नहीं, रामसुतार की बेटी हूं। केवल चम्बल हूं न!'

'सच।' वह खो-सी गई। किसी दूसरी दुनिया में। उसी तरह बुदबुदाती बोली–'मैं कभी-कभी गांधी-सागर के जल पर अपना प्रतिबिम्ब देखती हूं तो...। आप सच नहीं मानेंगे, मैं उस दिन वास्तव में खुशी से पागल हो उठी थी, जिस दिन भारत के भाग्य-विधाता (नेहरूजी) ने मेरी ओर देखते हुए मेरे पिता की पीठ ठोंकी थी। अकिंचन को जैसे कुबेर का धन मिल गया। भारत के कलाकारों का ही नहीं, कोटि-कोटि श्रमिकों का श्रम भी जैसे सार्थक हो उठा था उस दिन।'

यह कहकर चम्बल चुप हो गई। पर अब मैं चुप न था–

'चम्बल! अब कहां है रामसुतार!' मैंने पूछा।

चम्बल ने दूर कहीं देखा–'पता नहीं! फिर भी सुना है अब वह 'महानगरी' में रहते हैं। बड़े-बड़े सपने संजोया करते हैं। अब तो वह भारत के प्रख्यात मूर्तिकारों की श्रेणी में पहुंच गए हैं न! कहा जाता है कि भाखड़ा पर आधुनिक भारत की सबसे बड़ी, सबसे ऊंची 'ब्रोंज' की विशालतम 'श्रम की प्रतिमा' के निर्माण में संलग्न होने की उनकी संभावनाएं हैं। सच, अब इतने बड़े हो गए, इतने बड़े कि हम उन्हें याद भी न रहेंगे।'

'याद क्यों नहीं। अपनी संतान को क्या कोई भूल पाता है। पर इतना अवश्य है कि अब वह बूढ़े हो गए होंगे। और...!'

बात काटती हुई चम्बल हंस पड़ी–'बूढ़े कहां, अभी तो चालीस भी पूरे नहीं हुए।'

सांझ घिर रही थीं अंधनंगे बच्चों की तरह कुछ छोटे-छोटे बादल पानी की नीली चादर पर तैर रहे थे।

चम्बल जैसे नींद से जागी–'अरे, समय कितना हो गया!' वह घबरा उठी।

हम तेजी से लौटने लगे। अजन्ता-ऐलोरा सब पीछे छूट गए। चम्बल को अपने दो जुड़वां बच्चों की याद सता रही थी। परेशान-सी बोली–'बेचारे अकेले बिलख रहे होंगे।'

और चलते-चलते हम फिर गांधी-सागर पहुंचे।

गांधी-सागर के विशाल तट पर, एक बहुत ऊंचे पत्थर पर दो अबोध शिशु बिलख रहे थे। चम्बल लपककर उनसे लिपट गई।

बड़े ही मासूम बच्चे थे वे।

'इनका नाम क्या है चम्बल?'

'यह राजस्थान है उधमी!' स्नेह से उसका रेत भरा मुंह चूमती हुई चम्बल बोली–'अरे यह मेरा भोला मध्य प्रदेश। मैं इन दोनों की मां हू न! मेरे दूध पर ही ये पलते हैं।'

इधर-उधर मैंने देखा—दूर कहीं रेत पर हरी-भरी अनगिनत चादरें बिछी हुई हैं। कहीं उबड़-खाबड़ धरती मुखरित हो उठी है। सुनहरी बालें फूट रही हैं।

मैं न जाने कहां खो गया।

तभी पास खड़ी भीड़ ने मेरा ध्यान खींचा।

लोग अचरज से बातें कर रहे हैं।

'रामसुतार की आधुनिक भारत की सबसे ऊंची प्रतिमा- चम्बल तीन-चार दिन तक गायब रहने के पश्चात् फिर अपने स्थान पर लौट आई है। लोगों ने अपनी आंखों से उसे चलते-फिरते, बोलते, बातें करते देखा है। कैसा आश्चर्य है।'

'नहीं, नहीं रामसुतार मूर्तिकार नहीं, जादूगर है। नहीं तो माटी की मूरतें भी क्या कहीं बोलती हैं!'

❑

(सन् : 1963)

गांधीवादी : भवानीप्रसाद मिश्र

सीधे-सादे खादी के कपड़े, दोहरी देह, सरल स्वभाव-ग्रामीणता की सिधाई और ढिलाई जरा ज्यादा झलकती है। पैतालीस से अधिक के ही होंगे। लेकिन लगता है, सूझ-समझ में, और आगे निकल गए हैं।

हिन्दी के बदलते वादों की तरह मिश्रजी ने भी अपने जीवन में कम प्रयोग नहीं किए। सन् 1935 में राबर्टसन कॉलेज जबलपुर में बी.ए. करने के बाद अध्ययन की श्रृंखला तोड़ दी। यही सोचकर कि कहीं एम.ए. करने के पश्चात् प्रोफेसरी न करनी पड़ेगी। वर्तमान शिक्षा-पद्धति पर तनिक भी आस्था न थी। इसीलिए बैतूल के पर्वतीय प्रदेश में अपने ढंग की एक नई पाठशाला खोली, गांधीवादी विचारों के परीक्षण एवं प्रशिक्षण के हेतु। छः-सात वर्ष तक संचालन करते रहे।

सन् '42 के आंदोलन में गांधीवादी ने गांधीवादियों का डटकर मुकाबला किया। पुल तोड़ने वाले देशभक्तों के सामने तनकर खड़े हो गए। विरोध प्रकट करते हुए बोले–'गांधीवाद, यह नहीं, यह है।' 'यह' के परीक्षण में ही ब्रिटिश सरकार ने बंदी बना लिया। पूरे तीन साल की सख्त सजा मिली।

नागपुर जेल में आचार्य विनोबा भावे तथा भारतन कुमारप्पा के संसर्ग में रहे। 'गांधीवादी विचार ही सुविचार हैं और यही मेरा भी विचार है।' सिद्धांत स्वीकार कर लिया।

बंधन मुक्ति के बाद वर्धा की राह पकड़ी। 'महिलाश्रम' में शिक्षक रहे पूरे पांच साल तक। सन् 1950 में अध्यापकी छोड़ दी। स्वावलम्बी लेखक के रूप में नरसिंहपुर में दो वर्ष बिताये। आर्थिक संकट का होना स्वाभाविक था। अर्थ से अनर्थ को दूर करने के लिए कवि-सम्मेलनों का पल्ला पकड़ा। न चाहते हुए भी जाना पड़ता। खीझकर तब इसी निष्कर्ष पर पहूंचे कि नौकरी के बिना लेखक स्वतंत्र रह नहीं सकता। 'बद्रीविशालजी की कृपा से संकट टल गया।' 'कल्पना' में संपादकी मिल गई। अनवरत संघर्षों से अब आराम था। इज्जत थी।

मिश्रजी को कुछ दिन छाया-चित्रों की छाया में भी बिताने पड़े। ए.वी.एम. मद्रास के कहानी कक्ष के मुख्य सलाहकार एवं डायलाग-डायरेक्टर भी रहे। नौकरी और सरकारी नौकरी से बचने के लिए जो कुछ भी बन सका करते रहे। अंत में हार मानकर

जिसे ठुकराया, उसे ही स्वीकार करना पड़ा। यही नतीजा निकाल कर कि स्वतंत्र लेखन से नौकरी और निजी की अपेक्षा सरकारी नौकरी में कम समझौता करना पड़ता है।

पिछले तीन वर्ष से मिश्रजी बम्बई रेडियो पर थे और अब हैं–दिल्ली स्टेशन में, हिन्दी–प्रोड्यूसर।

'आप क्यों लिखते हैं?'

'लोगों के मन की बातें, जिन्हें वे स्वयं सरल–सहज ढंग से नहीं कह पाते, कहने के लिए मैंने कविता का सहारा लिया। कविता कभी छपने के लिए नहीं लिखी, लिखने के लिए लिखी या लिखी गई।' मिश्रजी ने उत्तर दिया।

'शब्द टप–टप टपकते हैं फूल से,
सही हो जाते हैं, मेरी भूल से।'

ठीक ही तो कहते हैं वह।

मिश्रजी प्रकृति–प्रेमी हैं। नर्मदा की सुरम्य तटी पर जन्म हुआ। उसी की माटी में खेले और बड़े हुए। प्रकृति से जन्मजात लगाव होना स्वाभाविक है; लेकिन अपने चारों ओर के वातावरण की उपज, शोषित श्रमिक की वेदना अपनी वेदना समझकर अपने 'चित्रकार से' अंतर का कवि अनायास कह उठता है–

'बने तुझसे अगर मेरे यशस्वी, तो
बना दे दु:ख की तस्वीर,
जी को चीर जो मैंने लिखी है
रक्त से अपने।
कुदाली पर झुके मजदूर की ज्वाला जगादे।'

'जेल की राखी' उनकी सर्वश्रेष्ठ रचना मानी जा सकती है। 'सन्नाटा' कविता में कहानी है। नाटकीय दृष्टि से 'परदार–पंछी' भी कम सफल नहीं। मिश्रजी की कविताएं व्यंग्यात्मक है। मार्मिक भी कम नहीं।

आधुनिक प्रयोगवादी कही जाने वाली कविताओं से उन्हें शिकायत है। उनकी राय में टेढ़ा–मेढ़ा, आड़ा–तिरछा, अटपटी बेतुकी बात लिखना प्रयोग नहीं है। लय से दूर भागकर काव्य टिक नहीं सकता। कविता की लय ही चली गयी तो कविता 'कविता' कहां रही। छन्दहीन कविता लिखने का अधिकार केवल उसी को होना चाहिए, जो कम से कम तीस वर्ष तक छन्दबद्ध कविता लिख चुका हो। नहीं तो यह केवल एक बचकाना खिलवाड़ बनकर रह जाएगा।

'हम प्रयोगवादी एक–दो ही छन्दों के बल पर प्रयोगों में क्या नवीनता लाएंगे।' तनिक उग्रता के साथ कहने लगे मिश्रजी– 'प्राचीन काव्य शास्त्र ने कितने प्रयोग सूचित किए हैं! और फिर उन सबके कैसे प्रौढ़ उदाहरण संस्कृत–साहित्य में मिलते हैं।

'चित्र-काव्य' भी एक प्रयोग ही तो था।... प्रयोगों की दिशा तय किए बिना प्रयोग जाने किस दिशा में चले जाएंगे!'

'सफल साहित्यिक किसे मानते हैं?' इस प्रश्न का उत्तर देते हुए बोले- 'जो मनीषी हो। स्वयं-भू और परि-भू हो। यानी विचारक, अपने विचारों में दृढ़ता से आचरण करने वाला और साथ ही अपने आस-पास को समेटकर चलने वाला हो। उसी लेखक की लेखनी में बल हो सकता है। लिखने से अधिक जिसका उद्देश्य उस पर आचरण करना हो।'

मिश्रजी की लेखनी अबाध गति से चलती रहती है। कुछ न कुछ मौलिकता उनकी कृतियों में देखने को मिलती रहती है। कविता की भूमिका, कविता में लिख लेते हैं। और अब सामाजिक उपन्यास भी कविता में लिख रहे हैं। साथ ही पद्य में नाटक का प्रयोग भी चल रहा है।

नाटक मिश्रजी ने लिखे हैं, लेकिन बहुत कम। नगण्य मात्रा में। रवीन्द्र तथा जिब्रान के कुछ अनुवाद भी किए हैं। उनकी रचनाओं से एक नई प्रेरणा, नई स्फूर्ति के भाव प्रस्फुटित होते हैं।

'उठो, पांव रखो रकाव पर
अंगल-जंगल नदी-नाले कूद-फांद कर धरती रौंधो!
जैसे भादों की रातों में बिजली कौंधे ऐसे कौंधो!'

मिश्रजी 'आधुनिक-कविता' के संदेशवाहक हैं, संदेश नहीं।

❑

(सन् : 1959)

तरुण साहित्यकार : रामानन्द 'दोषी'

राजधानी के तरुण साहित्यकारों में 'दोषी' जी का अपना विशिष्ट स्थान है। उन्होंने परिमाण की दृष्टि से चाहे अधिक न लिखा हो, परन्तु जितना कुछ है, वह सुव्यवस्थित, सुगठित एवं सुसम्पादित है। इसी का परिणाम है कि श्रोताओं तथा पाठकों का ध्यान अपनी ओर आकर्षित करने में वह सफल रहे।

'दोषी' जी का जन्म 21 फरवरी, 1921 को डुरही, जिला मेरठ में हुआ। पिताजी कलक्टरी में काम करते थे। आमदनी के अलावा ऊपरी आमदनी का भी वहां एक दायरा था। लेकिन, 'दोषी' जी को प्रत्यक्ष-अप्रत्यक्ष इससे बड़ा अंसतोष रहा। अत: जब वह परिवार का कुछ भार अपने कंधों में वहन करने लायक हुए तब उनका सबसे पहला काम यही रहा कि पिताजी को थोड़ी-सी पेंशन पर त्याग-पत्र देने के लिए विवश किया।

'दोषी' जी की नाटकीय कहानियों की तरह उनके जीवन में भी नाटकीय परिवर्तन हुए। बाल्यकाल में पढ़ने की ओर विशेष रुचि न रही। शरारत और मारपीट पर अधिक विश्वास था। इसी का परिणाम रहा कि सैनिक-सेनानी बनने के स्वप्न देखा करते। सेना में भर्ती होकर उन्होंने बर्मा-फ्रन्ट पर तीन वर्ष व्यतीत किए। लेकिन, यह जीवन अधिक रुचिकर सिद्ध न हुआ। 'अभिनेता' बनने के लिए भी कम कोशिशें न कीं और फिर कुछ समय में ही सहसा साहित्य के क्षेत्र में आ पहुंचे, जिसकी स्वप्न में भी कल्पना नहीं थी, यह भी कम नाटकीय न रहा।

पहली कविता और गीत
'तुम्हारा सम्बल का पाथेय,
बन गया मेरा अडिग अजेय।'

'दोषी' जी की इस पहली कविता को श्रोताओं ने बहुत पसंद किया। यद्यपि कहानियां, स्केच भी वह लिखते रहते हैं, तथापि गीतकार के रूप में अधिक मुखर हैं। उनके गीत मार्मिक और भावपूर्ण होते हैं, शैली भी उनकी सरल और स्वाभाविक है, जिसे लोकप्रियता का एक कारण माना जा सकता है।

'अपनी सर्वश्रेष्ठ कविता आप किसे मानते हैं?' इस प्रश्न का उत्तर देते हुए 'दोषी' जी ने कहा- जो अब लिखी जाने वाली है। फिर भी अब तक लिखी कविताओं में अपनी यह नवीनतम रचना अत्यधिक प्रिय है :-

'फांस मिसरी की भले हो
    किरकिराती है बराबर।
भूल चाहे प्यार की हो,
    रंग लाती है बराबर।
लाख फूलों में बसाओ,
    गन्ध चादर की ओढ़ाओ।
किन्तु कांटा तो चुभेगा,
    सौ तरह उसको रिझाओ।'

'गीले-पंख' तथा एक अन्य कविता संग्रह प्रकाशित हो रहे हैं। 'दोषी' जी के गीत कागज तक ही सीमित नहीं रहे मंच और आकाशवाणी में भी लोकप्रिय रहे।

'थके पांव लेकिन, बहुत दूर जाना,
बनेगा न जाने कहां आशियाना?'

आकाशवाणी के सफल गीतों में माना जा सकता है। सूक्तियां भी 'दोषी' जी की कम मार्मिक नहीं-

'दो फूल खिले, दो धूल मिले,
एक दिन जाना सबको साथी,
दो दिन पीछे, दो दिन पहले।'

आधुनिक प्रयोगवादी कविताओं से उन्हें संतोष नहीं। पर उनका विश्वास है कि आज के कड़वे अनुभव ही भविष्य के सुमधुर फलों के सिंचन में सहायक हो सकते हैं। इसलिए कौन जानता है कि वर्तमान असात्विक असाहित्यिक प्रयोग ही शुद्ध, साहित्यिक कविताओं के निर्माण में सहायक हो सकें!

*

पत्रकारिता से 'दोषी' जी का संबंध पुराना है। प्रारंभ में कुछ समय उन्होंने अनुवादक के रूप में कार्य किया। बम्बई के 'दैनिक विश्वमित्र' के संपादकीय-विभाग में भी कुछ समय व्यतीत किया। तदुपरान्त सन् 1947 में 'हिन्दुस्तान दैनिक' और फिर 'साप्ताहिक हिन्दुस्तान' की सफलताओं में सहयोगी के नाते, 'दोषी' जी का योगदान महत्वपूर्ण है। कविताएं, कहानियां ही नहीं व्यंग्य-हास्य भी वह अच्छा लिख लेते हैं। आलोचकों की आलोचना भी वह खुलकर किया करते हैं। किसी की प्रशंसा ही नहीं, आवश्यकता पड़ने पर 'दोष' निकालना भी 'दोषी' जी का काम है।

'लगभग तीन-चार पुस्तकों से भी अधिक कविता, कहानियों की सामग्री इकट्ठा होने पर आपने अभी तक उसे पुस्तकाकार रूप में क्यों प्रकाशित नहीं करवाया?' इस प्रश्न का उत्तर देते हुए 'दोषी' जी ने कहा, 'इसीलिए कि मैं अभी तक पूर्ण आश्वस्त नहीं हो सका हूं। श्रम मेरा और पैसा प्रकाशक का है। हम दोनों घाटा उठा सकते हैं, लेकिन कागज राष्ट्र की संपत्ति है। उसके व्यय और पाठक के समय पर अधिकार करने का साहस अभी बटोरना है। पुस्तक एक नहीं, अनेक प्रकाशित की जा चुकी होती, लेकिन, कूड़े के ढेर इकट्ठा करना साहित्य रचना नहीं है।'

'तूलिका' काव्य-संग्रह तथा अन्य कुछ पुस्तकों का संपादन भी उन्होंने किया। कहानियां, स्केचे भी 'दोषी' जी के अच्छे रहते हैं। 'रुपया' उनकी सफल श्रेष्ठ कहानी मानी जा सकती है—उनकी कुछ कहानियां प्रतियोगिता में भी पुरस्कृत हुईं। इन सबसे भी अधिक महत्व के हैं—संस्मरण। यद्यपि संस्मरणात्मक साहित्य उन्होंने नहीं लिखा, फिर भी उनका विचार है कि कविता-कहानियों से संस्मरण अधिक स्थायी हैं।

साहित्य के नए प्रयोगों की वकालत तथा आलोचकों की आलोचना करते हुए 'दोषी' जी ने कहा, 'यदि आज के आलोचक मान्यता नहीं देते, तो वह स्वयं को मान्य कराने का अवसर भी हाथ से खो रहे हैं। साहित्य की सरिता आज कहीं आगे बढ़ चुकी है। अगर आज का आलोचक इसे स्वीकार करने का साहस नहीं जुटा पाता तो वह स्वयं को भी उस भीड़ का एक नगण्य अंश प्रमाणित कर रहा है, जो कहीं पीछे तट पर खड़ी पुराने लेखकों की निराशा में डूबा है।'

*

लगभग ग्यारह वर्ष से 'दोषी' जी का 'हिन्दुस्तान' और देश की राजधानी से संबंध है। बाहर ही नहीं, उनके घर का वातावरण भी कम साहित्यिक नहीं। श्रीमती रेखा रामानन्द भी कविताएं, नाटक-लेख लिखती रहती हैं।

'दोषी' जी का सिद्धांत—कम और अच्छा लिखने का है। उनसे आशा की जा सकती है कि शायद कभी वह 'अधिक और अच्छा' भी लिखने लगें।

❑

(सन् : 1958)

मूक संगीत-साधक : ब्रह्मानन्दजी

जिन्होंने अपना सर्वस्व स्वर-साधना में समर्पित कर दिया, जिन्होंने अपना वीतरागी जीवन रागों के अनुराग में ही बिता दिया, जिन संगीत-शिल्पी का स्वर राजधानी के वायुमण्डल में गत 40 वर्षों से निरंतर गूंज रहा है, उन्हें राजधानी के आज कितने लोग जानते हैं।

73 वर्ष की इस अवस्था में शारीरिक रुग्णता के कारण आज भी साधना में अंतर दीखता नहीं। ब्रह्म-मुहूर्त में जागकर संतुलित, संयमित जीवन निर्वाह करना कुछ कम बड़ी बात नहीं।

वह भी एक अनुभव ही था!

जब आंतों की बीमारी, हृदय रोग तथा लंबे समय से चली आ रही रुग्णता और इस वृद्धावस्था के बावजूद संगीत के प्रति उन में वैसी ही ललक दीखी जैसी खिलौनों के प्रति बालकों की होती है। बुलन्दी के साथ तन्मय होकर पक्के-राग अलापने का वह दृश्य कुछ दूसरा ही था।

*

संगीत के प्रति जन्मजात लगाव रहा उनमें। जितना इससे उन्हें मोह था, उतना ही घरवालों का द्रोह। आए दिन के इसी संघर्ष में एक दिन भाभी का ताना आग पर घी का काम कर गया। तब बन्धन-मुक्त हो संगीत के स्वप्निल संसार की खोज में निकल पड़े अनजाने ही। महाकवि भूषण का गृह-त्याग भी कुछ ऐसा ही रहा। कहा जाता है कि अपनी विजय के पश्चात् अंत में वह लौटकर भी आए थे। पर ब्रह्मानन्दजी का यह स्वाभिमान था कि 13 वर्ष की आयु में जो द्वार छोड़ा, आज तक फिर कभी उधर भूल कर भी न झांका। एक बार, कहा जाता है, कुछ स्वजनों के आग्रह पर उस ओर प्रस्थान भी किया, पर आधे रास्ते से अधिक बढ़ न पाए। वहीं से लौट पड़े।

जोधपुर रियासत का गुलर, गांव छोड़कर अजमेर की शरण ली। बड़े संघर्ष से दिन गुजारे। पर, हिम्मत न हारी। सुप्रसिद्ध संगीतज्ञ बरकतउल्ला की विशेष कृपा रही। तभी महान संगीतकार श्री विष्णु दिगम्बर पलुस्कर का अजमेर आगमन हुआ। उन दिनों

श्री पलुस्कर अपनी चरम-ख्याति पर थे। प्रतिभाशाली इस भटकते शिशु-संगीतज्ञ को उन्होंने अपने शिष्यत्व का अधिकार दे दिया।

तब लगभग 13 वर्ष तक संगीत की उस साकार प्रतिमा के श्रीचरणों में बैठकर स्वरों की साधना की। बहुत कुछ सीखा और संजोया।

और तब अंत में वही संचित-संबल लेकर एक दिन जीवन-संग्राम की दिशा में अनायास ही बढ़ निकले।

श्री पुलस्कर भारत में अपने समय के सर्वश्रेष्ठ संगीतशिल्पी माने जाते थे। संगीत की 'नोटेशन-प्रणाली' पर उन्होंने बहुत-सी खोजें कीं। संगीत को जन-जन सुलभ करने का उन्होंने बीड़ा उठाया था। उसी पथ का ब्रह्मानन्दजी ने भी अनुगमन किया। दिल्ली में उन्होंने 'गंधर्व महाविद्यालय' की स्थापना की, जिसमें नि:शुल्क शिक्षा की व्यवस्था थी। इतना ही नहीं, छात्रों के रहन-सहन, भरण-पोषण का दायित्व भी संस्था ही उठाती थी। ब्रह्मानन्दजी इधर-उधर से अपने परिश्रम से जो अर्थसंचय करते, उसे संस्था को समर्पित कर देते। इसी तरह बहुत समय तक वह चलती रही।

नि:स्वार्थ सेवा-भावना से प्रेरित होकर ही वह इस ओर आए। जीवन भर 'मिशनरी-स्प्रिट' से उन्होंने कार्य किया। संगीत की शिक्षा जब प्रारंभ की, तब ऊंचे घरानों में वह अत्यंत हेय दृष्टि से देखी जाती थी। लोकप्रिय बनाना, रेत में तेल निकालने से कम दुष्कर कार्य न था। फिर भी सच्चे साधक की तरह अपने उद्देश्यों में वह दृढ़ रहे और अंत में सफल भी।

*

'पैसा नहीं, उद्देश्य मुख्य है।' उनके जीवन का यह महामंत्र रहा। रियासतों और रजवाड़ों में भी कम धूम न थी। चाहते तो कहीं भी 'दरबारी संगीतज्ञ' हो सकते थे। सुगमता से यश ही नहीं, अर्थ भी अर्जित कर लेते। पर, उस ओर कभी उन्होंने भूलकर देखा तक नहीं।

बड़ौदा की महारानी जमना बाई ने उनके संगीत की बड़ी चर्चा सुनी थी। सन् 1926 में उन्हें बड़ौदा में आमंत्रित किया। एक विशाल संगीत समारोह का आयोजन हुआ। उस्ताद फय्याज खां जैसे दूसरे कई महारथियों ने भाग लिया। पर, उसमें स्वर्ण पदक प्राप्त करने का श्रेय ब्रह्मानन्दजी को ही मिला।

महारानी का विशेष आग्रह रहा कि वह वहीं रहें। और संगीत-साधना करें। पर, उनका स्वाभिमान इसके लिए कभी तैयार न हुआ। बोले-'आज आपने मेरा सम्मान किया पहले अभिवादन आपकी ओर से हुआ। यदि कल मैं आपके दरबार में रहूंगा तो मुझे पहले झुककर आपको अभिवादन करना पड़ेगा। झुकना मुझे स्वीकार नहीं।'

ऐसी ही दूसरी घटना अलवर के महाराजा, पोलो के सुप्रसिद्ध खिलाड़ी, तेजसिंह के दरबार में घटित हुई। वहां का नियम था कि संगीतज्ञ को विशेष पोशाक में ही दरबार में आना पड़ेगा। पंडितजी वहां भी विशेष आमंत्रित राजा-अतिथि थे। पोशाक के प्रश्न पर दरबारियों में वाद-विवाद उठ खड़ा हुआ। वहां जाने से स्पष्ट शब्दों में इंकार करते हुए उन्होंने कह दिया, 'जिस पोशाक में हमेशा मैं रहता हूं, रहता आया हूं, उसी में राज दरबार में भी रहूंगा, पोशाक की जरूरत हो तो वह ले भले ही जाएं पर मैं ऐसे दरबार में प्रवेश नहीं कर सकता।'

राजा तेजसिंह अंत में झुके और उनकी बात माननी पड़ी।

देवास, इन्दौर, धौलपुर के राज-दरबारों में भी विशेष सम्मान हुआ। धौलपुर के राज-मंदिर में बजने वाले ऐतिहासिक घंटों में उन्होंने इस क्रम से सजाया था कि एक साथ बजने पर उनमें जलतरंग की-सी मधुर ध्वनि प्रतिध्वनित होने लगती थी। भरतपुर राज्य ने भी आमंत्रित किया।

जगत गुरु शंकराचार्य ने जब इनका संगीत सुना तो मुक्त-कंठ से प्रशंसा की। 'गंधर्व विद्यासागर' की उपाधि से विभूषित किया।

सन् 1957 में बेलगांव में 'अखिल भारतीय संगीत-शिक्षक सम्मेलन' हुआ। भारत के 20 सर्वश्रेष्ठ साधकों का सम्मान स्वयं कलाकारों की समिति द्वारा किया गया। उनमें पंडितजी भी एक थे, जिन्हें शाल और मान-पत्र देकर विशेष रूप से सम्मानित किया गया।

'क्या राजाश्रय के बिना संगीत-साधना संभव नहीं? जैसी कि अब परिपाटी-सी बनती चली जा रही है?' इस प्रश्न का उत्तर देते हुए ब्रह्मानन्दजी बोले, 'संगीत का बहुमुखी विकास पराधीनता से संभव नहीं। आधीनता से आत्मा दब जाती है। आत्मा ही दब गई तो फिर कला कैसे जीवित रह पाएगी?'

'सफल संगीतज्ञ होने के लिए आप क्या आवश्यक समझते हैं?'

'वही जो सच्चे मनुष्य के लिए।' ब्रह्मानन्दजी आगे बोले, 'साधना और श्रद्धा की भी विशेष आवश्यकता होती है। बिना साधना के किसी भी कला में निखार नहीं आ सकता और श्रद्धा के बिना उसमें प्राणों का संचार संभव नहीं। संयमित नियमित जीवन से, लगन से, साधक दिन-रात लगा रहे तो सफलता क्यों नहीं मिलेगी?'

'आपने किन साधकों की रचना की?' कुछ रुककर प्रश्न किया।

'साधकों की!' कुछ सोचते हुए ब्रह्मानन्दजी बोले, 'मैंने कभी भी तानसेन तैयार करने का प्रयत्न नहीं किया। तानसेन से अधिक महत्व मैं 'कानसेन' (श्रोता) को देता हूं। 'कानसेन' के बिना तानसेन का अस्तित्व संभव नहीं। कला-पारखी ही न रहेंगे तो कला कहां टिकेगी! इसीलिए मैंने उसे जन-जन तक सुलभ करने का प्रयत्न किया।

जनता में संगीत के लिए विशेष सम्मान, विशेष श्रद्धा की भावना पैदा करने की कोशिश की, जिससे स्वयं उसका विकास हो। वह फले-फूले। उसकी जड़ें आकाश में नहीं, धरती पर हो, यानी धरती के अंदर हों। तभी वह पुष्पित, पल्लवित हो पाएगी। तभी उसमें वास्तविक रूप में जीवन आ पाएगा।'

'वर्तमान संगीत-शिक्षा प्रणाली से आपको संतोष है?'

ब्रह्मानन्दजी ने जो कुछ कहा उसका आशय था–डिप्लोमा और साधना में दिन-रात का अंतर है। लोग आज सोचते हैं कि एक-दो ही साल में आठ-दस राग सीख लिए जाएं। उस पर फिर संगीतज्ञ की मोहर लगा कर, जहां-तहां जैसे चाहें उसे भुनाते रहें। ऐसे भी क्या संगीत सीखा जाता है? एक राग जब तक न आए, जब तक उसमें पारंगत न हो जाएं, तब तक दूसरा राग नहीं सिखलाया जाना चाहिए। लेकिन होता क्या है?

'स्तर भी कुछ नीचा हो तो अचकचाते नहीं।'' ब्रह्मानन्दजी बोले, 'पैसा ही आज मुख्य आस्था का आधार बन गया है और कला गौण। साधक सब इधर-उधर भाग रहे हैं पैसे के पीछे। फिर कला अपने आप पलायन करेगी।'

*

ब्रह्मानन्दजी का जीवन एक संघर्षशील संगीत-सेवी की मूक कहानी है। बड़े-बड़े प्रलोभनों पर भी अपने सिद्धांतों से वह हटे नहीं। बम्बई की अपने समय की सुप्रसिद्ध सिने-संस्था 'सागर मूवीटोन' ने अच्छी रकम पर अपनी फिल्मों के लिए निमंत्रण भेजा। पर, वह न गए। राजा-महाराजाओं के दरबारों में भी पहुंचे, पर धन-संग्रह के हेतु नहीं।

श्री विष्णु दिगम्बर पलुस्कर के प्रति गुरु के रूप में उनके हृदय में आस्था ही नहीं, अगाध आस्था है। गुरुजी ने कहा, 'जब तक एक राग भलीभांति न सीख लो, दूसरे की ओर भूलकर भी न बढ़ो।' तब एक-एक साल से भी अधिक समय तक वह एक ही राग अलापते रहे। गुरुजी की राय रही कि–संगीतज्ञ को बिकना नहीं चाहिए। तीन-तीन रुपये में रिकार्ड कराके आवाज का बेचा जाना उन्हें पसंद नहीं। अतः अपने जीवन में आज तक उन्होंने कभी भी कोई गीत रिकार्ड न करवाया। गुरुजी बोले, 'स्वार्थ रहित होकर संगीत की सेवा करनी चाहिए।' तो बड़े-बड़े प्रलोभन भी उन्होंने ठुकरा दिए। इसे ही गुरुमंत्र मानकर गांठ बांध ली।

सुविख्यात संगीतज्ञ भातखंडे तथा पलुस्करजी में टक्कर होती रहती थी। दिल्ली के 'त्रावणकोर-हाउस' में एक बार एक प्रतियोगिता हुई, जिसमें भातखंडे तथा पलुस्कर के शिष्य के रूप में श्री ब्रह्मानन्दजी ने भी भाग लिया। वहां पर ब्रह्मानन्दजी का स्वयं बनाया एक नया राग 'माधुरी' विशेष रूप से पसंद किया गया। भातखंडेजी ने भी मुक्त कण्ठ से प्रशंसा की और वह राग मांगा।

ब्रह्मानंद जी ने तब उत्तर दिया, 'यह मेरा अपना नहीं। पलुस्कर के शिष्य ब्रह्मानंद जी का राग है।'

भातखंडेजी इस रूप में कैसे स्वीकार करते और फिर ब्रह्मानन्दजी भी उसे कैसे देते?

सीधे-सादे, सरल आकार-प्रकार के सरल-शांत स्वभाव के व्यक्ति हैं ब्रह्मानन्दजी। दुनियादारी के अधिक निकट लगते नहीं। इसलिए उनके भोले स्वभाव का लोग अनुचित लाभ उठाते रहे तो कोई आश्चर्य की बात नहीं। आज के जमाने से बहुत पीछे के-से हैं वह। जैसे पिछली शताब्दियों के साधक हुआ करते थे।

राजधानी के जन-मानस में संगीत के प्रति आस्था और रुचि का पौधा उन्होंने ही रोपा था जो आज एक विशाल वट-वृक्ष बनकर अनेक सहृदयों को अपनी शीतल छाया में शरण देता रहा है। आगे भी देगा और देता रहेगा। संगीत के लिए जीवनभर उन्होंने जितना किया, उसका मूल्यांकन सहज नहीं।

❑

(सन् : 1960)

शैलेश मटियानी : एक सतत संघर्ष गाथा

शैलेश का जीवन एक सतत संघर्ष गाथा है। एक साधारण पर्वतीय ग्राम बाड़ेछीना से निकल कर मुंबई, दिल्ली, इलाहाबाद अनेक पड़ाव रहे उनकी यात्रा के, परंतु भलीभांति ठहर नहीं पाए, कहीं एक स्थान पर। घर से निकलकर, एक 'घर' की तलाश उन्हें ताउम्र रही, जहां बैठकर एकाग्र भाव से वह लिख पाते। परंतु नियति का यह कौन-सा अभिशाप था कि वह खानाबदोशों की तरह एक स्थान से दूसरे स्थान तक निरंतर भटकते रहे। आरंभ से ही दुःखों का साया रहा। विपत्तियों के पहाड़। खेलने-खाने के दिन भी कभी आए हों, उन्हें याद नहीं। छोटी-सी उम्र में चाचा ने अपनी मांस की दुकान में बिठला दिया था। हर रोज बकरों के आर्त्त स्वर से दिनचर्या आरंभ होती। किसी तरह दसवीं पास की कि रोजी-रोटी की समस्या उठ खड़ी हुई। मां-बाप थे नहीं। अतः स्वयं ही सोचना था अपने बारे में। जीवित रहने के लिए तब क्या-क्या नहीं करना पड़ा। मुंबई के फुटपाथ! जोगेश्वरी की झोपड़-पट्टियां। मंदिरों के आगे भिखारियों की कतारें, सब उनके संघर्षों के साक्षी रहे।

मंदिरों में जूते चुराने से लेकर, अस्पतालों में अपना रक्त बेचकर अपने भोजन का जुगाड़ करना आम बात थी। हां, कभी कुछ ऐसा भी करना, जिससे पुलिस की निगाह पड़े और वह हवालात में बंद कर दे, ताकि रात को रहने के लिए जगह उपलब्ध हो जाए और पेट के लिए कैदियों को मिलने वाली एक-दो रोटियां भी। चोर, उचक्के, हत्यारे- जैसे असामाजिक तत्वों के संपर्क में दिन-रात रहने के कारण बिगड़ने की संपूर्ण संभावनाओं के बावजूद, शैलेज काजल की इन कोठरियों से कुन्दन बनकर लौटे, कालिख लगाकर नहीं। इन अनुभवों एवं अनुभूतियों ने उनके लेखन को समृद्ध ही नहीं किया, एक व्यापक दृष्टि भी दी। बड़े-बड़े 'स्वनामधन्य' लेखक, बड़े-बड़े दलों, बलों, छलों के साथ, जो नहीं कर पाए, वह उन्हें स्वतः प्राप्त हो गया। शैलेश की अंतिम इच्छा थी कि इन अनुभवों एवं अनुभूतियों को विस्तार के साथ एक वृहत उपन्यास में समेटने की। परंतु तब तक वह मानसिक व्याधि आरंभ हो चुकी थी, जो जीवन के अंतिम क्षणों तक रही।

यों 'कबूतरखाना', 'बोरीवली से बोरी बंदर तक' तथा 'किस्सा गंगूबाई नर्मदा बेन' जैसी अनेक जीवन्त कृतियां मुम्बई के आम आदमियों के संघर्षमय जीवन पर लिखीं,

पर उनकी कोई विशेष चर्चा नहीं हुई, न सुधी आलोचकों द्वारा उनका किंचित मूल्याकंन ही। चाहे पर्वतीय जन-जीवन की पृष्ठभूमि पर हो या मुम्बई की, यह कहते हुए मुझे तनिक भी संकोच नहीं कि फणीश्वर नाथ 'रेणु' के पश्चात् शैलेश मटियानी आंचलिक कथा के क्षेत्र में सबसे महत्वपूर्ण हस्ताक्षर थे, उन्होंने आंचलिक-धारा को नया विस्तार दिया था। लोग मात्र दो-चार कहानियां लिखकर, हिंदी साहित्य के इतिहास में कब से अपना नाम दर्ज करा कर 'अमरत्व' प्राप्त कर चुके हैं, वहीं इतना सब लिखकर शैलेश हाशिए पर हैं। साहित्यिक बिरादरी में उनके साथ दोयम दर्जे का व्यवहार किया जाता रहा है। साहित्यकार के मूल्यांकन का आधार तो मात्र साहित्य ही हो सकता है। वह जाति, धर्म, भाषा, प्रदेश ही नहीं, 'इज्म' यानी 'वाद' से भी ऊपर होता है। दुनिया में आदमी और आदमियत से बड़ा कोई 'इज्म' नहीं होता। फिर शैलेश की संपूर्ण रचनाओं का विवेचन करें तो उनके वैचारिक लेखों के अतिरिक्त, उनके साहित्य में ऐसा कुछ भी नहीं दीखता कि जिसके कारण उनसे असहमत हुआ जा सके। जो आदमी 'मैमूद', 'दो दुःखों का एक सुख', 'प्रेममुक्ति' और 'अर्द्धांगिनी' जैसी सशक्त रचनाएं दे सकता है, वह साधारण कैसे हो सकता है? शैलेश की आंतरिक व्यथा के अनेक कारणों में एक कारण यह भी था कि साहित्य के भाग्य विधाताओं ने हर तरह से उनकी उपेक्षा की। उसके प्रतिरोध में अकेले लड़ते-लड़ते शैलेश अवसाद की इस चिंताजनक स्थिति तक जा पहुंचे थे।

शैलेश में अपार संभावनाएं थीं। इतना सब लिखने के बावजूद कभी-कभी लगता है, वास्तव में शैलेश के द्वारा जो लिखा जाना था, वह अब तक लिखा ही नहीं जा सका। चैन से बैठने के लिए न तो शैलेश के पास ठौर थी और न ही अर्से तक लगातार लिखते रहने की स्थिति में शाम की रोटी का ही कोई जुगाड़। दिल्ली की श्रीनिवासपुरी कालोनी में उनके साथ बिताए दिनों की यादें मित्रों को अब तक होंगी। वह तब नए-नए आए थे दिल्ली, जमने का प्रयास कर रहे थे। एक बार किसी पत्रिका के संपादक ने एक कहानी की मांग की तो शैलेश ने छूटते ही कहा, 'चालीस रुपये पारिश्रमिक देंगे तो कहानी भेज दूंगा।' संपादक महोदय ने हामी भरी। कहानी छापी और मात्र पच्चीस रुपये पारिश्रमिक स्वरूप भेजे। इस पर शैलेश आपा खो बैठे। उस चेक को, उसी समय, उस पत्रिका के पूंजीपति मालिक को गहरे आक्रोश के साथ लंबा पत्र लिखकर रजिस्टर्ड डाक से वापिस भेज दिया। उस दिन उनके पास मात्र दस-बारह आने की ही कुल जमा-पूंजी थी, जो रजिस्ट्री में ही खर्च हो गई थी। हां, उस शाम फिर घर में चूल्हा नहीं जला। बच्चे भूखे ही सोए थे।

ऐसे विकट व्यक्तित्व का संवेदनशील, औघड़ आदमी सत्तर साल तक कैसे जी गया, यह स्वयं में कम आश्चर्य की बात नहीं। परिस्थितिवश विद्यालयी शिक्षा सीमित रही, परंतु हर विषय पर इतनी गहरी पैठ, ऐसी प्रखर तार्किक शक्ति, जो कम लेखकों

में देखने में मिलती है। शैलेश की विचारधारा से सहमत या असहमत हुआ जा सकता है, परंतु जो चिंतन के सूत्र वे छोड़ते थे, वे पाठक को गंभीरता के साथ बहुत कुछ सोचने के लिए विवश करते थे। हिंदी के अनेक स्वनामधन्य लेखक जहां वर्षों से अपने न लिखने के कारणों का बखान कर महिमा-मंडित हो रहे हैं, वहीं मानसिक विक्षिप्तता के बावजूद, अंतिम क्षणों तक तन, मन से क्षीण शैलेश की लेखनी चलती रही। अंतर्विरोध भी कम नहीं थे, शैलेश के व्यक्तित्व में। लेकिन हालातों से समझौता कर, धीरे-धीरे वे अपने अंतर्विरोधों के बीच जीने के इतने अभ्यस्त हो गए थे कि इनकी असहजता भी उन्हें कहीं सहजता का अहसास जगाने लगी थी। आर्थिक असुरक्षा और साहित्यिक उपेक्षा—ये प्रमुख कारण बने, उनके गहरे मानसिक अवसाद के। एक हादसे में छोटे बेटे के देहावसान के पश्चात् पूरी तरह वह बिखर गए थे। उस अंधे कुएं से फिर बाहर नहीं निकल पाए। जो आदमी इतना स्वाभिमानी हो कि दिल्ली के कुछ साहित्यकार मित्रों द्वारा परस्पर एकत्र पचास हजार रुपये की सम्मान राशि अस्वीकार कर चला गया हो, कालांतर में पैसे-पैसे के लिए उन्हें तरसते देखकर कम आघात नहीं लगता था। साहित्यकार की अस्मिता ही उसकी सबसे बड़ी पूंजी होती है, सबसे बड़ी पहचान, उसे खोना कम त्रासद नहीं होता। परंतु लगता है, शैलेश के सामने कोई विकल्प नहीं रह गया था। असुरक्षा की ये भावनाएं धीरे-धीरे अनेक रूपों में प्रस्फुटित हो रही थीं। राहुलजी (सांकृत्यायन) के जीवन के अंतिम दिनों में हमने देखा था, उनके अंदर भी कहीं ऐसी ही असुरक्षा की भावनाएं थीं। लेटे-लेटे वे विक्षिप्तावस्था में कभी एकाएक अधीर होकर पास बैठे व्यक्ति का हाथ पकड़कर बोल पड़ते, 'भैया-भैया... मेरे... दो जूते...' फिर कुछ रुककर सोचते हुए कहते, 'जूते नहीं, दो बच्चे हैं... दो बच्चे! उनका क्या होगा?' और वे बच्चों की तरह दहाड़ मारकर जोर से रो पड़ते।

शाहदरा के मनोरोग अस्पताल में शैलेश भी इस असुरक्षा की व्याधि से जूझ रहे थे। उनसे मिलने जब कोई अजनबी साहित्यकार आता तो वे सशंकित हो उठते। कभी-कभी चीख पड़ते, 'यह शैतान क्यों आ रहा है भीतर? इसे बाहर करो। हमारे बच्चे को उठाकर ले जाएगा और मार देगा।' हिंदी का लेखन, हिंदी का साधनहीन लेखक आज ऐसी अनेक शंकाओं, आशंकाओं के बीच मर-मर कर जी रहा है। अर्थाभाव, असुरक्षा, उपेक्षा से अकेले शैलेश का ही नहीं, आज ऐसे अनेक शैलेश मटियानियों का अस्तित्व खतरे में है। यही स्थिति रही तो अभी अनेक शैलेश मटियानियों को अपनी बलि चढ़ानी होगी। शैलेश का व्यक्तित्व असाधारण था। विराट संभावनाएं थीं उनसे। नजरुल, निराला की तरह, शैलेश भी अपने जीवन-काल में ही एक किंवदंती बने और अनेक किंवदंतियां छोड़कर चले गए।

❑

(सन् : 2001)

सतीश गुजराल
अपनी पीढ़ी का प्रतिनिधि कलाकार

सतीश गुजराल के बारे में सोचते ही अमर संगीतज्ञ बीथोवेन का स्मरण हो आता है। बीथोवन की संगीत की लय से जहां श्रोताओं के हृदय–तंत्री के तार झंकृत हो उठते थे, वहां बधिर कलाकार गुजराल के चित्र भी दर्शक के दिल को झकझोरे बिना नहीं रहते। उसके रोते–कहराते, तड़पते–चीखते दुखित पात्रों को चौखटे की चारदीवारी से जकड़े देख अनायास सहानुभूति उमड़ आती है। उनके म्लान मुखड़ों से टपकती दीनता–दुर्बलता, भय कंपित आत्मा की घुटन और फिर उस पर होने वाले अमानवीयता के असह्य आघातों को देख दिल दहल उठता है। इन्सान को इन्सान कहलाने पर लज्जा अनुभव होने लगती है।

अदना कद, भरा शरीर, अस्त–व्यस्त बाल, कलाकार–कट की रूखी छोटी दाढ़ी और उनसे झांकती दो गोल–मटोल आंखें एकाएक चमक उठती हैं। जब कलाकर अपनी कृति, अपने पात्रों का वर्णन करने लगता है, उसकी धमनियों का रक्त सहसा उबल पड़ता है। भुजाएं फड़क उठती हैं। लगता है कि उन्हीं चित्रों में से कोई पात्र पर्दे को चीरकर स्वयं सामने आ खड़ा है। और आप बीती सुना रहा हो।

सन् 1925 की शिशिर ऋतु में झेलम, पंजाब में जन्म हुआ। केवल चौथी तक ही पाठशाला में पढ़ पाया कि किसी भयंकर बीमारी से सुनने की शक्ति सदा के लिए जाती रही। तब अपने और जगत के बीच संबंध बनाए रखने के लिए जिस वस्तु को माध्यम चुना, वह थी–कला।

गुजराल का पहला चित्र जब बना, अवस्था मुश्किल से तेरह साल होगी। चौदह वर्ष की उम्र में मेयो स्कूल ऑफ आर्ट, लाहौर में प्रवेश लिया। तत्पश्चात् जे.जे. आर्ट स्कूल, बम्बई में दो साल बिताए। लेकिन वहां की पढ़ाई अधूरी छोड़कर फरवरी, 47 में लाहौर कामर्शियल स्टूडियो खोला। विभाजन के बाद पंजाब सरकार के विज्ञापन विभाग में भी कार्य किया। लगभग 6 महीने तक शिमला आर्ट स्कूल में वायस प्रिंसिपल

भी रहने का सुअवसर मिला। लेकिन अंत में इससे भी त्यागपत्र देकर किसी तरह अपनी कला के विकास का प्रयत्न किया।

*

'भित्ति चित्रकला को आपने क्यों अपनाया?' इस प्रश्न का उत्तर देते हुए गुजराल ने कहा, 'कला किसी वर्ग, किसी विशेष समुदाय की संपत्ति नहीं, वह तो सर्व साधारण के कल्याण का साधन है। छोटे-छोटे चित्र जो एलबम तक या अमीरों के सजे ड्राइंग-रूम की दीवारों तक ही सीमित रहते हैं, उनसे जन-साधारण की उपकार की आशा करना अपने को धोखा देना है, ईजल-आर्ट की मैं उपेक्षा नहीं करता, लेकिन आज चित्रकला के प्रति जो गलत धारणा पैदा हो गई है, उसका कारण केवल यही है कि कलाकार जनता से दूर जा रहे हैं। लोगों को उनकी भाषा की समझ में नहीं आती। फिर भित्ति-कला ही एक ऐसा साधन दीखती है जो हमारे वास्तविक जीवन में घुल-मिलकर सच्ची प्रसन्नता, सच्चे आध्यात्मिक आनन्द को दिलाने में सहायक होती है।... दूसरी ओर इस प्रकार रंगों को हमारे चारों ओर फैलाने का अवसर मिलता है, रंग जिन के बिना हमारा जीवन कितना रीता है। इसीलिए आज विशाल भित्ति-चित्रों की आवश्यकता है, जिनमें आज की वास्तविकता और कल के भविष्य की झलक हो...।'

गुजराल भित्ति-चित्रकला की शिक्षा पाने के लिए विदेश जाने वाले प्रथम भारतीय थे। इस कला के देश-मैक्सिको सरकार की द्विवर्षीय विशेष छात्रवृत्ति पर वहां गए। विश्व के उस महान कला-केन्द्र में भी प्रतिभाशाली भारतीय कलाकार ने शीघ्र ही अपने लिए विशिष्ठ स्थान बना लिया। जगत प्रसिद्ध कलाकार रिवेरा और सिकरो के प्रिय कृपापात्र शिष्यों में गणना हुई। उन्होंने गुजराल के चित्रों को अपने देश में प्रदर्शित ही नहीं किया, बल्कि प्रशंसा में लेख भी प्रकाशित किए। मैक्सिकन टेलीविजन ने भी सर्वप्रथम अपने देश में गुजराल की कला-प्रदर्शनी को प्रदर्शित कर गौरवान्वित किया।

तत्पश्चात् अमेरिका, इंग्लैंड, फ्रांस आदि देशों में भी प्रदर्शन हुए। वहां भी सभी की मुक्त-कंठ से सराहना मिली। ब्रिटेन की 'वास्तुकला संस्था' के प्रधान एरक न्यूटन ने भाव प्रदर्शन की शक्ति में चित्रों को अद्भुत ठहराया। सुप्रसिद्ध आलोचक जौन बेरगर ने एकाग्रता की दृष्टि से पिकासो वे उनकी तुलना की।

वास्तविकता का प्रदर्शन गुजराल की कला की सबसे बड़ी विशेषता है। भारत विभाजन के समय सांप्रदायिकता के जो वीभत्स दृश्य देखे, उन्हें अपनी तूलिका से खींचकर मानव की बर्बरता के जो चित्र उबारे दर्शक के हृदय में तीक्ष्ण आघात किए बिना नहीं रहते। पिकासो के 'स्पेनिश सिविल वार' के चित्रों से उनकी तुलना की जाए तो अत्युक्ति न होगी।

अजन्ता, ऐलोरा की जिस विस्मृत कला को गुजराल ने अपनाया और जिस ढंग से उसे एक नया मोड़ देकर आगे बढ़ाया, वह भी कम महत्व का नहीं है। यद्यपि 'बंगाल स्कूल' ने इस दिशा में बहुत कुछ कार्य किए और सर्वप्रथम लोगों का ध्यान इस विस्मृत कला की ओर आकर्षित किया लेकिन गुजराल के विचार से यह संतोषजनक न रहा। इसे अपनाकर उन्होंने एक महान कार्य अवश्य किया। लेकिन, वे केवल इसकी कार्बन कॉपी मात्र तक ही सीमित रहे...।

इस दृष्टि से गुजराल ने गौरवमय भारतीय प्राचीन कला की परंपरा को एक नई दिशा दी और नूतन-क्रांति का आह्वान किया। निस्संदेह गुजराल का आविर्भाव भारतीय कला जगत में एक ऐतिहासिक घटना है।

*

'कला भाग्य के विरुद्ध मनुष्य का अंतिम सहारा है।' सुविख्यात कलाकार आद्रे मारलिक्श के इस कथन पर गुजराल की पूरी आस्था है।

गुजराल के चित्र दर्द की कहानी हैं। अमानवीयता के निर्मम हाथों रौंधी जाने वाली मानवता के प्रति निस्सीम मूक संवेदना, अतुलनीय सहानुभूति तथा साथ ही बदले में प्रतिहिंसा, प्रतिरोध की भावना भी कम नहीं है। इसीलिए कुछ आलोचक उन्हें निराशावादी कलाकर घोषित करने से न चूके।

यही समस्या सामने रखी तो आकृति भड़क आयी, कहा, 'जिस वातावरण में मैं रहता हूं, उसे ही चित्रित किया करता हूं। यदि मेरे चित्रों में करुणा है तो उसका कारण यह नहीं कि मैं दुःख का पैगम्बर हूं या निराशा पर विश्वास करता हूं। दुःख-सुख किसके जीवन में नहीं होते! लेकिन, कलाकार का गौरव तो इसमें है कि उसकी आप बीती जग बीती बन जाए...। फिर वास्तविकता से मुंह मोड़ना तो कायरता है। कलाकार वह है जो दुःख को सुख में बदल दे और भाग्य की लकीरों को ही मिटा दे।'

गुजराल के विचार हैं कि असंतोषी होना अपराध नहीं है, क्योंकि असंतुष्ट ही क्रांति के कर्णधार होते हैं। वे ही अब तक सफल क्रांतियां लाने और इतिहास को बदलने में समर्थ हुए हैं।

आधुनिक समस्याओं पर जब बातें छिड़ीं तो आकृति गंभीर हो आयी। कुछ सोचते हुए फिर कहा, 'युद्धों के आतंक से घिरे संसार में आज यह निराशा क्यों? इसीलिए न कि लोग वास्तविक कला, सच्ची संस्कृति को भुला बैठे हैं। लोगों की आस्था पहले दूसरे वादों में रही और बाद में ठहरी साम्यवाद पर, लेकिन, वहां भी वह वस्तु दिखलाई न दी, जिसकी खोज थी। तब कला ही एक ऐसा सहारा है जो डूबती मानवता को उबार सकती है।'

'स्मृतियों का जाल', 'यश के दिन', 'तिरस्कृता', 'भाग्य', 'तूफान में तिनके', 'आत्म हत्या से पहले', 'आंधी के अनाथ', 'दोपहरी का अंधियारा', 'अंत का प्रारंभ', 'निराशा' आदि सर्वश्रेष्ठ चित्र कहे जा सकते हैं। 'निराशा' चित्र अकादेमी द्वारा पुरस्कृत भी किया गया।

इन चित्रों की वेदना, साधारण जीवन की वेदना नहीं, वह तो युग-युगों से चली आ रही, मिटती मानवता की करुण कराह है। लेकिन उनमें निराशा नहीं, आशा का संदेश है और वास्तविकता की झलक है। यद्यपि गुजराल की कला अभी पूर्ण विकसित न कही जाए, उसमें कमियां, कमजोरियां भी मिलें, लेकिन, मानना होगा कि आने वाली पीढ़ी के लिए वह मशाल का काम देगी। भारत ही नहीं एशिया के लिए गौरव का विषय बनेगी।

❑

(सन् : 1957)

रहबर : सात जन्मों का साक्षी

लगभग पैंतीस-चालीस सालों का परिचय रहा रहबर साहब से। जैसा उन्हें आरंभ में देखा था, अंत तक वैसा ही पाया। लोग एक जन्म भी पूरा कहां जी पाते हैं, परंतु वे पूरे सात जन्म जिए एक साथ। अपने सातों जन्मों की संघर्ष-गाथा लिखी उन्होंने।

कमजोर कद-कांठी का, एक दुबला-पतला आदमी, लाठी के सहारे टेढ़ा-मेढ़ा चलने वाला। लगता है, जिंदगी की राह पर भी वह हमेशा टेढ़ा ही चलता रहा। दुनिया- जहान से जूझता रहा। 'आ बैल मुझे मार' की तर्ज पर सबको चुनौतियां देता रहा और सबकी चुनौतियां अकेला ही झेलता रहा। किसी को भी उसने बख्शा नहीं।

गांधीजी पर पुस्तक लिखी 'गांधी बेनकाब!' फिर 'नेहरू बेनकाब!' और 'गालिब बेनकाब! वह कई विभूतियों को बेनकाब करता रहा, बड़ी बेरहमी के साथ।

एक दिन यों ही छेड़ने के लिए हमने कह दिया, 'रहबर साहब, आप अब 'रहबर बेनकाब' कब लिख रहे हैं?'

पहले तो वह हंसने लगे। फिर अपने स्टाइल में कुछ गंभीर होकर, झटके के साथ हाथ हिलाते हुए बोले, 'अरे, जनाब, खुद को बेनकाब किए क्या कोई, किसी और को बेनकाब कर सकता है? हम तो पैदा ही बेनकाब हुए हैं...।' कुछ रुककर फिर कहने लगे, 'सच कहें तो हमारी बड़ी तमन्ना थी, नकाब पहनने की, पर कभी ऐसा जुगाड़ बना ही नहीं! तन ढकने के लिए लंगोटी मिलती रही, यही क्या कम रहा...?'

वह सनातनी रहे। आर्य समाजी रहे। प्रगतिवाद का रंग चढ़ा तो प्रगतिवादियों से भी बड़े प्रगतिवादी हो गए, नक्सलपंथ के निकट पहुंचकर भी रुके नहीं। उनका कहना था कि इतने पर भी उनके सपने सच न हुए तो वे अपना आठवां जन्म लेंगे और हथेली पर सूरज उगाकर रहेंगे!

सन् 1942 के 'भारत छोड़ो' आंदोलन में जेल गए। आपातकाल के दौर में भी सींखचों में बंद रहे। वहां भी क्या-क्या नहीं झेला उन्होंने!

स्वाधीनता-सेनानियों की सुख-सुविधाएं उन्हें आसानी से मिल सकती थीं, परंतु सुख-सुविधाओं से उनका जनम-जनम का बैर रहा। ताम्र-पत्र तक लेने की आवश्यकता

उन्होंने नहीं समझी। उनकी इसी जिद का खामियाजा उन्हें ही नहीं, उनके सारे परिवार को उम्रभर झेलना पड़ा।

रहबर साहब के घर में चारपाई नहीं थी। पत्नी ने एक बार जिद की तो बोले, 'जिस दिन क्रांति आएगी, उसी दिन चारपाई भी आ जाएगी!'

वर्षों बाद एक दिन पत्नी ने देखा, बाहर दरवाजे के पास कोई मजदूर चारपाई लिए खड़ा है।

'हमारी नहीं है। किसी और की होगी!' पत्नी ने उपेक्षा से मजदूर से कहा।

इतने में पीछे से रहबर साहब आ गए।, बोले, 'हमारी ही है भागवान...।'

'तो क्या क्रांति आ गई?' सरल स्वभाव की पत्नी ने निश्छल स्वर में पूछा।

'वह भी आ रही है, तुम चारपाई तो सम्भालो!'

अनेक स्तरों पर संघर्ष करते रहे वह।

इतने अभावों में, इतने आंदोलनों से जुड़ा यह बेचैन व्यक्ति कैसे इतना लिख पाया, सच नहीं लगता। उन्होंने जहां कुछ महापुरुषों को जी भर कर कोसा, वहां 'योद्धा संन्यासी स्वामी विवेकानंद' जैसी कृतियां भी लिखीं।

'बिना रीढ़ का आदमी', 'मुखौटे', 'पंखहीन तितली', 'आदिम पुरखे' आदि उनके उपन्यास विशेष चर्चा के विषय बने।

उनका चिन्तन, उनकी तरह अपने ही ढंग का था। 'मिथक की मौत' में उन्होंने अपने विचारों को एक दूसरी ही शैली में प्रस्तुत किया था।

'गांधी बेनकाब' लिखने की योजना बनाई तो गांधीवादी लेखक विष्णु प्रभाकर से मांग-मांग कर सारी सामग्री गांधी के विरुद्ध जुटा ली।

'अभाव, संघर्ष और विद्रोह–इन तीनों का सम्मिश्रण था–'रहबर' शब्द। जीवनभर अभाव ही अभाव मिले देखने के लिए। पंजाब के एक साधारण-से परिवार में पैदा हुए। अखबार बेचकर, बच्चों को ट्यूशनें पढ़ाकर अपनी पढ़ाई और परिवार की परवरिश जारी रखी। स्थानीय समाचार पत्रों में कुछ दिन काम किया, पर अधिक अर्से तक चल न पाया। एक जगह जमकर टिकने के लिए वह पैदा ही नहीं हुए तो यहां भी कैसे टिकते!

पुस्तकें छपने लगीं तो प्रकाशकों से भी बनी नहीं। इसलिए स्वयं छापना आरंभ कर दिया। परंतु बिक्री का कोई जरिया तो था नहीं। इसलिए यह सौदा भी घाटे का ही रहा।

एक ओर भी पहलू था, उनके जीवन का। वे जहां इतने रूखे, मुंहफट थे, वहां उनके अंदर से कभी-कभी एक और रहबर झांकता हुआ दिखलाई देता था, जो उतना ही संवेदनशील और उतना ही भावुक था।

कुर्सी पर तिरछे बैठकर, किसी आत्मीय क्षण में, जब वे दोनों हाथों के बीच मजबूती से पकड़ी लाठी के साथ-साथ अपने दोनों पांवों को हिलाते हुए बोलते तो कभी-कभी बहुत भावुक हो उठते थे! तब लगता नहीं था कि ये वही रहबर हैं!

81 वर्ष की उम्र तक जी पाना, इस बेरहम दुनिया में, कुछ कम तो नहीं! यों अंतिम दिनों में आकर कभी-कभी लगता था, जैसे उन्हें अपने प्रति समाज और साहित्यक-संसार की उपेक्षाएं कहीं सालने-सी लगी हैं। 'कॉफी हाउस' की बहसों में वे कम भाग लेते। अधिकतर चुप बैठे रहते और जब घर चलने का वक्त होता तो उठकर चुपचाप चल देते!

हां, अब कभी लाठी टेकते हुए 'कॉफी हाउस' में आते दिखलाई नहीं देंगे, न किसी साहित्य-समारोह में किसी कोने पर अकेले बैठे, टुकुर-टुकुर जग का मुजरा देखते हुए ही।

आने वाली पीढ़ियों को कभी सच नहीं लगेगा कि एक ऐसा भी लेखक था कभी, जो जिंदगीभर सच को सच कहने की सजा झेलता हुआ अपनों के ही बीच इतना बेगाना रहा।

❑

(सन् : 1994)

संघर्षों का ही दूसरा नाम : सहगल

जमाना बीत गया!

लगभग 34-35 साल हो गए होंगे अब। तब मैं 'साप्ताहिक हिन्दुस्तान' के संपादकीय विभाग में था। वे जाड़ों के दिन थे। अभी कार्यालय पहुंच कर कार्य आरंभ ही किया था कि दूर से आती श्रीमती मालती शंकर का स्वर सुनाई दिया। वे सीट के पास आकर खड़ी हो गईं।

मैं गर्दन झुकाए काम करता रहा। प्रैस वाला भी सामने खड़ा था। उसे मैटर ले जाकर पैस में देना था। आज ही छपना था। इसलिए एक तरह का तनाव था।

हाथ का काम पूरा कर मैंने मालती जी की ओर देखा। उनके साथ एक अधेड़ उम्र की महिला खड़ी थीं-सौम्य! शांत! सम्भ्रांत।

मैं विलम्ब के लिए कुछ औपचारिक शब्द कहूं, इससे पूर्व, मालतीजी बोलीं, 'मैं इन्हें ही यहां ले आई...।'

'इन्हें' किस के लिए कहा जा रहा है, मैं एकाएक समझ नहीं पाया!

मालतीजी स्वतंत्र पत्रकार के रूप में 'साप्ताहिक' के लिए काम करती थीं। वे हंसती हुई बोलीं, 'इण्टरव्यू तो मैंने तैयार कर लिया है। कहीं कोई कमी लगे तो उसे यहीं बैठकर पूरा कर लिया जाए। इसीलिए इन्हें भी कष्ट दिया है!'

मैं प्रश्न-सूचक दृष्टि से उनकी ओर देखता रहा।

'आपने ही तो कल कहा था...। इसी अंक में जाना है...।' वे कुछ गंभीरता से बोलीं।

मुझे झुंझलाहट-सी हो रही थी। समझ में नहीं आ पा रहा था कि यह कौन-सी पहेली बुझा रही हैं! मैं कुछ कहूं, उससे पहले ही इस बार वे बोल पड़ीं, 'अरे, आप का परिचय देना तो भूल ही गई! आप हैं आशा रानी जी, यानी श्रीमती सहगल! के. एल. सहगल...। इन्हीं का इण्टरव्यू...।'

आदर के साथ श्रीमती सहगल को बिठलाता हूं।

'इतना ही आप पहले नहीं कह सकती थीं?' मैंने श्रीमती मालती शंकर से हंसते हुए डांटकर कहा तो वे भी हंस पड़ीं।

इण्टरव्यू तो अच्छा था ही। पर्याप्त सूचना-परक भी।

मैंने श्रीमती सहगल से पूछा, 'सहगल साहब के जाने के बाद आपको कैसा लगता है?'

'एक तरह की रिक्तता का अहसास तो होता ही है, जो स्वाभाविक है। पर, कभी-कभी लगता है कि वे अभी हमारे बीच हैं, हमारे साथ! उनके गीत जब सुनते हैं, तो ऐसा अहसास होता है कि वे जैसे सामने बैठकर गा रहे हैं...।'

उनका स्वर कुछ भारी हो आया था।

बातों की दिशा बदलकर, मैं घर-परिवार की बातों पर आता हूं। पूछता हूं, 'यों तो सच है कि तानसेन के परिवार में दूसरा तानसेन पैदा नहीं हुआ, लेकिन आपके घर-परिवार में क्या उस तरह का कोई अपवाद नहीं?' मेरा तात्पर्य संगीत-साधना के प्रति रुचि रखने वाला...।'

कुछ क्षण वह चुप रहीं। फिर कुछ सोचती हुई बोलीं, 'मेरे दामाद हैं महेन्द्र चोपड़ा (ऐसा ही जैसा कोई नाम!) वे ठीक सहगल साहब की प्रतिकृति लगते हैं। वैसा ही सुर, वैसी ही लय! गाते हैं, तो कोई कह नहीं सकता कि यह सहगल साहब की आवाज नहीं...।'

कहते हैं कि सहगल साहब के बेटे मदन मोहन की भी गाने में रुचि थी, पर वे जिंदगी भर भटकते रहे। बम्बई की गंदी बस्तियों में उनके अंतिम दिन बीते। दो बेटे थे उनके। जम्मू में एक सड़क दुर्घटना में उन दोनों की मृत्यु हो गई। इस तरह दुर्भाग्यवश अंत में सहगल परिवार अतीत बनकर समाप्त हो गया।

'तो वे फिल्मों में गाते क्यों नहीं हैं?'

मेरे इस प्रश्न पर श्रीमती सहगल के चेहरे पर एक साथ कई भाव उभरे। वे कुछ मायूस-सी आवाज में बोलीं, 'कोशिश तो बहुत की हमने, पर फिल्मवालों ने टिकने नहीं दिया। लाख कोशिशों के बावजूद कहीं भी वे अपने पांव जमा नहीं पाए...।'

मां की लोरी से पहले हम में से बहुतों ने सहगल साहब के मधुर गीत सुने थे। किशोरावस्था से तरुणाई तक उनके गीत अवकाश के नितांत आत्मीय क्षणों में गुनगुनाते रहे। आज भी इतने वर्षों बाद, कहीं चलते-चलते सहगल का स्वर कानों में टकराता है, तो पांव अपने आप, एकाएक ठिठक पड़ते हैं।

लगता है, वे गाने उन्होंने हमारे लिए ही गाए थे। हमें ही लेकर।

'हिन्दुस्तान टाइम्स' के तत्कालीन प्रकाशक एवं प्रिंटर श्री रामनन्दन सिन्हा सहगल साहब के अभिन्न मित्रों में से थे। वर्षों तक एक ही मकान में रहे। तब सहगल अपने अस्तित्व के लिए घोर संघर्ष कर रहे थे। वे सहगल साहब के व्यक्तिगत जीवन के अनेक रोचक, रोमांचक संस्मरण सुनाते थे।

*

आज अप्रैल की चार तारीख है।

ठीक आज से सौ साल पहले जम्मू के मस्तगढ़ में कुन्दन लाल सहगल का जन्म हुआ था। जम्मू के वासियों को जहां इस बात का गर्व है कि सहगल ने हिंदी, बांग्ला, पंजाबी आदि भाषाओं में कई अविस्मरणीय गाने गाए, वहीं जम्मू के होते हुए डोगरी में एक भी गीत नहीं, इसका अफसोस भी कम नहीं।

सहगल ने अपनी जिंदगी की शुरुआत बहुत छोटी-छोटी नौकरियों से की। लगभग सत्तर साल पहले 'रेमिंगटन टाइप राइटर कंपनी' में एक छोटे से मुलाजिम के रूप में उनकी नियुक्ति हुई थी–शिमला में। इसका श्रेय उनकी सुरीली आवाज को जाता है, जिससे प्रभावित होकर किसी अपरिचित व्यक्ति ने उन्हें यहां नौकरी दिलवा दी थी।

सन् 1929 से 31 तक, लगभग तीन साल वे इसमें रहे। पर ज्यों-ज्यों समय बीतता चला गया, उनके सुरों के सम्मोहन का जादू भी चारों ओर बिखरता चला गया। सुप्रसिद्ध संगीतकार आर.सी. बोराल से मिलने के पश्चात्, उनकी आर्थिक दशा ही नहीं, जीवन की दिशा भी बदल गई।

कलकत्ता पहुंचकर जैसे नए क्षितिजों के द्वार स्वत: खुलते चले गए। गाने तक ही वे सीमित नहीं रहे, 'न्यू थियेटर्स' से जुड़ने के पश्चात् अभिनय के क्षेत्र में भी वे अपनी एक विशिष्ठ पहचान बनाने लगे। उन्होंने 'तानसेन', 'सूरदास', 'चण्डीदास', 'दुश्मन' तथा 'देवदास'–जैसी अनेक कालजयी फिल्में दीं। 'देवदास' में उनका अभिनय अविस्मरणीय रहा।

उनके सुरों का जादू हिंदी तक ही सीमित न रहकर बांग्ला, परसियन आदि भाषाओं में भी अपना प्रभाव दिखलाने लगा। गुरुदेव रवीन्द्रनाथ ठाकुर सहगल के प्रशंसकों में रहे। उनके कई गीत सहगल साहब ने ही गाए थे।

सहगल जब तक पूरी तरह स्वयं संतुष्ट नहीं हो जाते, तब तक अपने गीत के प्रसारण की अनुमति नहीं देते थे। कई बार तो बार-बार गाने में ही सारी रात बीत जाती। गाते-गाते बार-बार वे 'काली पांच' की मांग करते! उनके हर आदेश पर मदिरा का छलकता प्याला सामने होता। शायद सुर अब कुछ बेहतरीन हो!

उन्हें एक प्रकार का भ्रम था कि पीने के बाद उनके सुरों में और भी अधिक जीवन्तता आ जाती है। और अधिक गहनता, मार्मिकता।

पर, जब इसका भ्रम टूटा तो तब तक बहुत वक्त हो चुका था। मदिरा उन्हें पूरी तरह पी चुकी थी। और केवल 42 वर्ष की उम्र में ही मृत्यु ने हमेशा-हमेशा के लिए उन्हें छीन लिया।

अपने जीते जी सहगल मिथक के पात्र बन चुके थे।

'हम जी के क्या करेंगे, जब दिल ही टूट गया', 'करूं क्या आश निराश, भई', जैसे सैंकड़ों मर्मस्पर्शी गीत हैं, जो करोड़ों लोगों के दिलों की धड़कनों से जुड़े रहे। कहते हैं, सहगल ने मृत्यु से पहले अपनी अंतिम इच्छा व्यक्त करते हुए कहा था कि उनकी शव-यात्रा के साथ उनके गीतों के रिकाड्र्स भी बजाए जाएं।

आज सहगल साहब की जन्म-शताब्दी है। क्या गत सौ वर्षों में भारत में ऐसा कोई और भी गायक पैदा हुआ, जिसने पूरी शताब्दी में लोगों के दिलों पर इस तरह एक छत्र राज किया हो?

❑

(सन् : 2004)

प्रसिद्ध भाषाविज्ञ : डॉ. रघुवीर

डॉ. रघुवीर भारत में अकेले व्यक्ति हैं जो रसायन, दर्शन, खगोल, वनस्पति, प्राणि शास्त्र आदि किसी भी विज्ञान के, किसी भी विदेशी शब्द के लिए हिंदी का शब्द ला खड़ा कर सकते हैं और उस पर हिंदी-माध्यम से धारा-प्रवाह बोलने की क्षमता रखते हैं।

राजधानी की खास चीज कुतुब मीनार के पास है—हौज खास। वहीं एक अकादेमी है, डॉ. रघुवीर की विशिष्ट प्रयोगशाला, जिसमें नित नए-नए शब्दों की, नए-नए रूपों में सृष्टि होती रहती है।

अपनी श्रम-साधना के बल पर ही भारत के जॉन्सन डॉ. रघुवीर ने आज देश के ही नहीं, विदेशों के भाषावेत्ताओं एवं कोषकारों में भी अपना अग्रगण्य स्थान बना लिया है। डॉक्टरों के इस परिवार के साथ जापान, इण्डोनेशिया, थाईलैण्ड, बर्मा, श्रीलंका से आमंत्रित अनेकों भाषा-विद दिन-रात शब्द सृष्टि तथा रूपान्तर के कार्य में संलग्न रहते हैं। जिस यांत्रिक ढंग से डॉ. रघुवीर के संरक्षण में यह कार्य चलता है, उसे देखकर विस्मय हुए बिना नहीं रहता।

साधारण से दीखने वाले डॉ. रघुवीर अदने कद के असाधारण व्यक्ति हैं। चेहरे पर उनके कोई खास आकर्षण नहीं, कोई खास लक्षण नहीं, जिससे आंका जा सके कि यह भी कोई खास हस्ती हैं। सामान्य ढांचा, कुछ लंबे घुंघराले बाल तथा चमकीली आंखें, शाकाहारी और अवस्था लगभग 60 वर्ष। पर वाक्-धारा जब फूटती है तो लगता है—स्रोत चट्टान तोड़ता हुआ वेग से बहा जा रहा है।

*

डॉ. रघुवीर के तीन रूप हैं, जिनमें पहला है—भाषावेत्ता, कोषकार का।

हालैण्ड से डी.लिट. और लंदन से पी-एच.डी. प्राप्त श्री रघुवीर ने उर्दू, फारसी, संस्कृत, बंगला, पंजाबी तथा अंग्रेजी आदि भाषाएं 12 वर्ष की अवस्था में ही सीख ली थीं। 'चौथी में पढ़ते हुए, पांचवी की शिक्षा समाप्त कर लेनी चाहिए' यह उनके जीवन का एक अनोखा क्रम रहा।

पढ़ना जब प्रारंभ किया तो कुछ दूसरे ही निष्कर्ष एवं संघर्षों में उलझ पड़े। कैट माने बिल्ली, रैट माने चूहा मान लेने के बाद जब 'पेन्सिल माने पेन्सिल' आया तो सहज ही उनके विचारों में एक भंवर पैदा हो गया। उनके चिंतन में ही वर्षों व्यतीत हो चले।

सन् 1930 में लंदन में वह सर ग्रियर्सन से मिले, जिन्होंने अपना संपूर्ण जीवन भारतीय भाषाओं के अनुसंधान में अर्पित कर दिया और 26 भागों में 'भारतीय-भाषाओं के विवेचन' की रचना की थी।

'भारतीय-भाषाओं का स्तर इतना नीचा है कि वे अंग्रेजी आदि किसी भी पाश्चात्य भाषा के जटिल वाक्यों को नहीं सहार सकतीं। न ही किसी आधुनिक विचार को व्यक्त करने की उनमें सामर्थ्य है। यानी किसी भी जीवन की आवश्यकताओं को वे पूर्ण नहीं कर सकती।' श्री ग्रियर्सन की इस उक्ति ने डॉ. रघुवीर के स्वाभिमान को बुरी तरह झकझोर डाला। इसका मुंहतोड़ जवाब देने की उन्होंने ठान ली।

पेरिस में सन् 1931 में फिर उन्होंने विश्व-विख्यात भाषा विद डॉ. सिल्वा लेवी से मुलाकात की। बहुत वाद-विवाद के बाद इस निर्णय के निकट पहुंचना ही पड़ा कि, 'हम ही नहीं, हमारी भाषाएं भी पाश्चात्य से आज डेढ़-दो सौ वर्ष पीछे हैं।'

बचपन के 'पेन्सिल' शब्द ने ही यह तूफान ला खड़ा किया कि इसके लिए डॉ. रघुवीर लेखनी लेकर मैदान में उतर आए। 600 शाखाओं वाले विशाल अंग्रेजी शब्द- भंडार पर दृष्टिपात ही नहीं, एक-एक शब्द का ऐतिहासिक विश्लेषण भी किया। पूरे 12-13 वर्षों के मन्थन-चिन्तन के बाद वह इस निष्कर्ष पर पहुंचे कि अंग्रेजी, फ्रांसीसी और रूसी के जो विचार जापानी में सफलता से अभिव्यक्त हुए, वे हिंदी आदि में क्यों नहीं हो सकते? तभी रघुवीर ने घोषणा की थी कि 'हमारी भाषा और लिपि के लिए आज अंग्रेजी की तुलना में चौगुने विकास के स्वर्णिम सुअवसर हैं।'

'रसायन शास्त्र' की शब्दावली से श्रीगणेश हुआ। आशातीत सफलता मिली। सन् 1945 में बनारस तथा पूना विश्वविद्यालय में हिंदी माध्यम द्वारा रसायन शास्त्र की शिक्षा दिलाने के हेतु उन्होंने साहसिक अभियान किए, जिन्होंने उनके लिए नई सफलता के नए द्वार खोल दिए।

सन् 1934 में उनकी 'भारतीय संस्कृति की अंतर्राष्ट्रीय अकादेमी' स्थापित हुई। 25 वर्ष के स्वल्प कार्यकाल में ही उसने आज एक विशिष्ट स्थान बना लिया। सन् 1943 में 'भारतीय टेकनिकल शब्दकोश' तैयार हुआ। हिंदी ही नहीं—बंगला, तमिल, कन्नड में भी।

सन् 1947 में जब उन्हें लाहौर छोड़ना पड़ा, तब 200 इस्पात के संदूकों में भी उनकी पाण्डुलिपियां एवं दुर्लभ ग्रंथ न समा पाए। फिर भी उन्हें किसी तरह स्थानान्तरित किया।

तभी मध्य प्रदेश की सरकार ने उन्हें अपनी राजधानी में आमंत्रित किया। इन 10 वर्षों के नागपुर-प्रवास में उन्होंने लगभग 34 पाठ्य-पुस्तकों (वैज्ञानिक) की हिंदी तथा मराठी में रचना की। सन् 1955 में एक लाख साठ हजार पारिभाषिक शब्दों का 'बृहत् अंग्रेजी-हिंदी कोश' सामने आया। इसका उपयोग भारत की अन्य भाषाओं के साथ-साथ श्रीलंका में भी हो रहा है।

डॉ. रघुवीर ने प्रतिज्ञा की थी कि सारी अंग्रेजी शब्दराशि को हिंदी में परिणत करके ही चैन की सांस लेंगे। उसके लिए वर्षों से उनके भगीरथ प्रयत्न चल रहे हैं। अब लगभग पांच लाख शब्दों की सज्जा हो रही है। वह हर अंग्रेजी शब्द के लिए हिंदी शब्द ला खड़ा करने के स्वप्न संजो रहे हैं। सन् 1975 तक उनकी यह विशाल योजना समाप्ति के समीप पहुंच जाएगी। 12 कोष अब तक तैयार हो चुके हैं।

शब्द-निर्माण में उन्होंने एक विशेष वैज्ञानिक-पद्धति से कार्य किया, जिसे पाणिनी-प्रणाली का अनुसरण कहा जा सकता है।

'उनकी कठिन हिंदी, हिंदी के लिए अभिशाप सिद्ध होगी', यह मानने वाले उनके कटु आलोचकों के इस प्रश्न पर कई तर्क हैं। प्रशंसा ही नहीं, आलोचना भी उनकी कम नहीं हुई। 'कई लोग रुष्ट हैं' डॉ. रघुवीर बोले, 'झूठे, सच्चे उपहास भी बहुत हुए हैं। किन्तु हमारा काम चलता रहा। निन्दा या प्रशंसा, बाधा अथवा सुविधा का हमारे काम से कोई संबंध नहीं रहा।' वह आगे बोले, 'लोगों ने श्रद्धा से, प्रेम से भारत का आधुनिक पाणिनि कहा तो ऐसे लोगों की भी कमी न रही जो हिंदी का घोरतम शत्रु कहने से भी न चुके। पर हमारे कार्य में कभी अंतर न आया।'

*

डॉ. रघुवीर का दूसरा रूप है—सांस्कृतिक एवं साहित्यिक गवेषक का। भ्रमण एवं अन्वेषण में रघुवीर 'राहुल-पंथी' हैं। राहुलजी की तरह चने चबाकर, सत्तू फांककर, पैदल चलकर उन्होंने एशिया के दुर्गम, अंधकारमय भूखण्डों की यात्राएं नहीं कीं, बल्कि वे सब सुविधाएं, साधन उनके पास रहे जो किसी आधुनिक अन्वेषक के लिए आवश्यक हैं। इसलिए इनके अभियान उतने लोमहर्षक नहीं, फिर भी उनका अपना अलग महत्व है।

राहुलजी की तिब्बत से लाई 20 खच्चर पाण्डुलिपियों की तरह श्री रघुवीर की चीन-यात्रा से आई 228 मन प्राचीन दुर्लभ पोथियों की कहानी भी कम रोचक नहीं।

'सन् 1934 से सन् 1959 तक हमने भारत के विभिन्न प्रदेशों का ही नहीं, एशिया तथा यूरोप का भी बहुत भ्रमण किया', डॉ. रघुवीर बोले। सन् 1951 में इसी हेतु उन्होंने बर्मा, थाईलैंड, श्रीलंका, कम्बोडिया, इंडोनेशिया आदि का पर्यटन किया और बहुत बड़ी मात्रा में शोध-सामग्री एकत्र की।

सन् 1952 में वह पुरातत्व वेत्ताओं के विश्व-सम्मेलन में आमंत्रित हुए। वहां प्राय: सभी विद्वानों ने उनकी 'शतपिटक' की योजना का स्वागत किया। इसके हेतु सन् 1956 में उन्होंने मध्य एशिया, साइबेरिया, बाह्य मंगोलिया की यात्राएं भी कीं।

साइबेरिया से उन्हें 84 सिद्धों की प्राचीन तांत्रिक तस्वीरें मिलीं। इसी तरह उन्होंने अस्त्राखान-वोल्गा से 'पद्मपुराण', बैंकाक से 'सुभाषित रत्न-निधि' तथा मंगोलिया से 'मेघदूत', 'विक्रमादित्य तथा राजा भोज' की कहानियों के मंगोल अनुवादों की प्राचीन अप्राप्य पोथियां प्राप्त कीं। आज सब मिलाकर डॉ. रघुवीर का संग्रह इतना बड़ा है कि उसे समस्त संसार में तीसरा या चौथा स्थान दिया जाता है।

भारत के भूले इन्हीं अप्राप्य ग्रंथों की सौ भागों में प्रकाशित करने की विशाल योजना ही है– 'शतपिटक'। इसी के अंतर्गत जावा, बाली, तिब्बत, मंगोलिया तथा मंचूरिया के ग्रंथ प्रकाशित हो रहे हैं।

डॉ. रघुवीर की अकादमी ने दूसरे देशों के साथ भारत के सांस्कृतिक संबंधों को सुदृढ़ करने में बहुत बड़ा योग दिया है। समय-समय पर विदेशों से गवेषक आमंत्रित होते रहते हैं। इस समय मंगोलिया, तिब्बत, चैकोस्लोवाकिया, इण्डोनेशिया आदि देशों के विद्वान उनके साथ अन्वेषण में संलग्न हैं।

इस कार्य में अकेले नहीं हैं डॉ. रघुवीर। बहुत से लोगों का सहयोग उन्हें प्राप्त है। उनके परिवार के लोग भी कुछ कम हाथ नहीं बटाते। उनके सुपुत्र डॉ. लोकेश 'तिब्बत-संस्कृत कोश' की तैयारी में हैं, जिसके 20 भागों में दो लाख शब्द होंगे। इंडोनेशियाई प्राचीन साहित्य की विशेषज्ञा उनकी पुत्रवधु डॉ. शारदा रानी तथा सुपुत्री डॉ. सुदर्शना देवी 'हिन्देशियाई प्राचीन दर्शन-साहित्य' की संपादिका एवं अनुवादिका हैं। छोटी सुपुत्री तिब्बती-चीनी प्राचीन साहित्य के अन्वेषण में संलग्न है।

*

डॉ. रघुवीर का चिंतन अब एक नई दिशा की ओर अग्रसर हो रहा है। साम्यवादी तथा असाम्यवादी देश का इसी हेतु उन्होंने भ्रमण किया और भारत की 'अर्थव्यवस्था' के विषय में सूक्ष्म दृष्टि से सोचा। अंत में वह इस निष्कर्ष पर पहुंचे कि हमारी वर्तमान पंचवर्षीय योजनाएं जिस ढंग से चल रही हैं, उससे 100 वर्षों में भी हम विकसित राष्ट्रों की पंक्ति में नहीं पहुंच सकते।

'सन् 1954 से सन् 1957 तक हमारी राष्ट्रीय आय में 5.4 प्रतिशत की वृद्धि हुई तो आबादी भी लगभग उसी अनुपात में बढ़ गई। इसलिए देश यदि प्रगति करना चाहता है तो उसका विकास एक-एक व्यक्ति और परिवार के विकास द्वारा हो। नहीं तो प्रगति एकांगी, असफल रह जाएगी।'

डॉ. रघुवीर के इस चिंतन में मौलिकता है। गत वर्ष इसी योजना को लेकर वह यूरोप घूम आए। वहां के योजना-मंत्रियों से मिले। बहुत कुछ नतीजे निकाले। इस संबंध में वह 'एक-एक व्यक्ति विकास योजना' नामक एक नई पुस्तक की रचना कर रहे हैं। अभी भी इस दिशा में कार्य चल रहा है। आधुनिक समस्याओं के उन्होंने अनोखे हल निकाले हैं जिनके आगे हमारी महान पंचवर्षीय योजनाएं बहुत दूर पीछे छूट जाती हैं।

'इतने काम के साथ-साथ 'संसद सदस्य' भी होने से आपकी गतिविधियों में अंतर नहीं आता?' इस प्रश्न का उत्तर देते हुए डॉ. रघुवीर बोले, 'नहीं। एक विषय से दूसरे पर सोचने और फिर तीसरे पर, यही परिवर्तन हमारा विश्राम है।'

'आपकी इस सफलताओं का रहस्य क्या हो सकता है?'

'निरंतर काम में जुटे रहना।'

लगता है अथक अध्यवसाय, सरकार की सहानुभूति तथा कुबेरों की कृपा से ही वह अपनी योजनाएं आसानी से चला पाए और जिंदगी की दौड़ में बाजी मार ले गए।

डॉ. रघुवीर का यह कार्य भाषा-निर्माण का ऐतिहासिक कार्य है। कल की भारतीय-भाषाओं पर आज की इन योजनाओं का प्रभाव पड़ना स्वाभाविक है। यदि भारत के सभी महान भाषा-विदों के सम्मिलित सहयोग तथा सरकार की सहायता से यह कार्य राष्ट्रीय स्तर पर होता तो यह निस्संदेह एक महान सफलता होती क्योंकि भाषा का महत्व किसी भी इस्पात या भाखड़ा-नंगल की महत्वपूर्ण योजनाओं से कम महत्व का नहीं।

अकेले डॉ. रघुवीर ने अपना संपूर्ण जीवन इसी अनुसंधान के हेतु समर्पित कर डाला। आज इस अवस्था में भी वह निरंतर 17-18 घंटे काम करते हैं। उनका उत्साह, उनका पुरुषार्थ नवयुवकों को भी चुनौती देता है। साहित्यिक एवं सांस्कृतिक अन्वेषण के इतिहास में उनका यह कार्य बड़े महत्व का है, इससे इंकार नहीं किया जा सकता।

❑

(सन् : 1959)

सुप्रसिद्ध हास्य लेखक : राजेन्द्रलाल हांडा

'दिल्ली में दस वर्ष' के लेखक श्री राजेन्द्रलाल हांडा राजनीतिक क्षेत्र में ही नहीं, पत्रकारिता तथा साहित्य में भी अपना विशिष्ट स्थान रखते हैं। पंजाबी-भाषी होने के साथ-साथ अंग्रेजी पत्रकारिता से वर्षों तक संबंध रखने पर भी हिंदी के लिए जितना उन्होंने किया, उतना शायद कम लोगों ने किया होगा।

सन् 1912 में पंजाब के एक साधारण कृषक-परिवार में हांडाजी का जन्म हुआ था। कृषि के नए प्रयोगों पर पूज्यपिता की विशेष आस्था रही। हिंदी और संस्कृत के संस्कार भी पैतृक-संपत्ति के रूप में मिले, जिनका धीरे-धीरे क्रमिक विकास होता चला गया।

प्रारंभिक शिक्षा-दीक्षा अम्बाला तथा लाहौर में हुई। सन् 1934 में इलाहाबाद विश्वविद्यालय से दर्शन-शास्त्र में एम.ए. की परीक्षा पास की। तदन्तर सहसा पत्रकारिता और फिर साहित्य-संसार में आ पड़ना यह भी एक संयोग ही रहा।

*

प्राध्यापक के स्थान पर श्री हांडा पत्रकार बन गए। यद्यपि वह पत्रकारिता में सफल रहे, लेकिन उनकी सरलता, सौजन्यता को देखकर लगता है कि उनका वास्तविक क्षेत्र लेखन और अध्यापन ही होना चाहिए था, पत्रकारिता नहीं।

सात साल तक उन्होंने 'ट्रिब्यून' में काम किया। लिखने की बीमारी भी तभी से शुरू हुई। स्वर्गीय महामना मालवीय के पत्र 'अभ्युदय' में लगभग सात-आठ वर्ष तक विशेष संवाददाता रहे। इन वर्षों के अनुभव से हिंदी के और निकट संपर्क में आने का सुअवसर मिला।

गत 25 वर्षों में राजनीति के विभिन्न विवादास्पद ज्वलन्त प्रश्नों पर अनेकों उपनामों से उन्होंने बहुत कुछ लिखा। कम लोगों को ज्ञात होगा कि आजकल कहानियां और रेखाचित्र लिखने वाले 'हेमन्त' भी हांडाजी ही हैं।

सन् 1940 में केन्द्रीय-सूचना विभाग उनकी नियुक्ति हुई। 'भारतीय-समाचार' के सन् 1949 तक संपादक भी रहे। 'हिंदी विभाग' को प्रारंभ करने के साथ-साथ पिछड़ी हुई पत्रकारिता को सुव्यवस्थित बनाने के लिए उन्होंने जो भगीरथ प्रयत्न किए,

वे भुलाये नहीं जा सकते। राज्यों के पुनर्गठन तथा विभाजन की समस्याओं पर भी बहुत कुछ लिखा। सन् 1948 के प्रारंभ में चार महीने पंजाब का दौरा करने के बाद 'ईस्ट पंजाब इन क्राइसैस' आलोचनात्मक पुस्तक लिखी। 'हरिजन' के अंग्रेजी संस्करण में भी गांधीजी के संपर्क में आने के बाद 'रियासतों की समस्या' पर लगातार दो वर्ष तक लिखते रहे।

'वर्तमान हिंदी-पत्र और पत्रकारिता से क्या आपको संतोष है?' इस प्रश्न का उत्तर देते हुए श्री हांडा ने कहा, 'संतोष कैसे कहा जा सकता है? हिंदी-पत्रों का दुर्भाग्य है कि वे अंग्रेजी-पत्रों से संबंधित है, जो किसी भी हालत में उन्हें पनपने का अवसर नहीं देते। यही कारण है कि वह प्रगति न हो पाई जो होनी चाहिए थी।'

'संबंधित होने से दोष क्यों पैदा हुए?'

कुछ सोचते हुए उन्होंने कहा—'इसीलिए कि संचालक निःस्वार्थ दृष्टि नहीं रखते। नहीं तो कोई कारण नहीं कि किसी प्रमुख हिंदी-पत्र का सरक्युलेशन एक लाख से अधिक न पहुंचे।'

*

स्वर्गीय अमरनाथ झा ने एक बार कहा था, 'हांडाजी की रचनाओं को हिंदी-गद्य में हास्य-रस का सर्वश्रेष्ठ नमूना माना जा सकता है।'

'दिल्ली में दस वर्ष', 'राजधानी के अंचल से', 'चील का घौंसला', 'स्टुडीबेकर' अथवा 'मैं और-मेरी मोटर' व्यंग्य-हास्य प्रधान सफल रचनाएं हैं।

'वर्तमान व्यंग्य-हास्य पर हंसी आती है 'हंसते हुए भी हांडा ने कहा—गोल्ड स्मिथ, डॉ. जान्सन या बर्नार्ड शा के हास्य की तुलना अभी हिंदी में करना हास्यास्पद है। वह उथला नहीं, गंभीर विषय है। इसकी कमी पूरी करने में अभी बहुत समय लगेगा।'

'कमी क्यों है? और दूर कैसे हो सकती है?'

'इसलिए कि हिंदी बोलने और लिखने की भाषा में आज तक एक खाई रही। हास्य के लिए कृत्रिमता की आवश्यकता नहीं होती। वह स्वाभाविक शब्दों में, स्वाभाविक ढंग से ही सफलता से व्यक्त की जा सकती है। ज्यों-ज्यों खाई भरती जाएगी, हास्य का स्तर भी उन्नत होता चला जाएगा।'

हास्य ही नहीं गंभीर-विवादास्पद राजनीतिक विषय तथा भाषा-शास्त्र पर भी उन्होंने लिखा है। भाषाओं के प्रति उनमें विशेष अनुराग है। हिंदी, पंजाबी, गुजराती, मराठी, बंगला, संस्कृत, उर्दू, फारसी, अंग्रेजी तथा फ्रेंच आदि भाषाओं में से अधिकांश पर उनका असाधारण अधिकार है और शेष से उनका अच्छा परिचय है।

*

'सरकार हिंदी के लिए जो कुछ कर रही है, उससे आप कहां तक सहमत हैं?'

'सरकार ने हिंदी के लिए कुछ भी नहीं किया। इससे मैं पूर्णतया सहमत हूं।' तनिक उग्रता से श्री हांडा ने कहा, 'मैं समझता हूं कि अभी हिंदी के विकास की योजना ही नहीं बनी। यदि यही उपेक्षा रही तो संदेह नहीं कि अंग्रेजी अनिश्चित काल के लिए राज-भाषा बनी रहेगी।'

वास्तव में इस दिशा में सबसे बड़ा अभाव है- अनुवादों की कमी। और इसके लिए सरकार जिम्मेदारी से मुक्त नहीं हो सकती। हांडाजी के विचार में इसके लिए एक भिन्न मंत्रालय अथवा विभाग होना चाहिए था। कम से कम 'सेण्ट्रल ट्रान्सलेशन ब्यूरो' तो नितान्त आवश्यकीय था। हिंदी में एक भी विषय अभी तक पूर्ण न हो पाया, जिसके माध्यम से उच्च-शिक्षा संभव हो। फिर इसका घातक परिणाम शिक्षा-प्रणाली पर क्या होगा, उसकी कल्पना नहीं की जा सकती।

*

आज के साहित्यकारों पर जब बातें छिड़ीं तो हांडाजी ने कटु आलोचना करते हुए कहा- 'यह तो एक सामाजिक दोष हो गया है। पैसा ही हमारी आस्था का आधार बन चुका है। राजनीतिज्ञों की तरह साहित्यिक भी राजधानी के अखाड़े पर उतरने को उतावले हैं। फिर दिल्ली की चाट और चने का तो बहुत कुछ साम्य है। एक बार मुंह लगने पर फिर छूटना संभव नहीं।'

*

दक्षिण भारतीय इतिहास के खोज की श्री हांडा योजना बना रहे हैं। इस संबंध में अब तक दो सौ से अधिक पुस्तकों का संग्रह भी कर चुके हैं। अवकाश ग्रहण करने के बाद उनका उद्देश्य इसे पूरा करने का है।

श्री हांडा इस समय राष्ट्रपति के प्रेस-सलाहकार के पद पर कार्य कर रहे हैं। राष्ट्रपति के अविस्मरणीय संस्मरण लिखने के संबंध में बोले, 'यह भी मेरे भविष्य की एक योजना है। इसे मैं अपना परम सौभाग्य मानता हूं कि मुझे राष्ट्रपति के साथ नहीं, बल्कि राजेन्द्र बाबू जैसे महान व्यक्ति के संग में रहने का सुअवसर मिला। ऐसे किसी भी आदर्श की मैं कल्पना नहीं कर पाया हूं, जिसके प्रत्यक्ष दर्शन उनके विशाल व्यक्तित्व में मुझे न हुए हों। उनके साथ रहने पर मुझे प्रायः यह अखरता है कि इतने बड़े वरदान का भागी होते हुए भी मैं वेतन क्यों लेता हूं?'

❑

(सन् : 1958)

प्रतिष्ठित रूपक-लेखक : रामचन्द्र तिवारी

रेत में उगे। तूफानों में पले। आंधी, वर्षा-धाम में भी जो झुके-गिरे नहीं। अपने अध्यव्यवसाय के बल पर किसी तरह खड़े रहे। अंत में आत्मविश्वास की जड़ें गहरी हो आईं। पसीने की बूंदें ही हरियाली का कारण बन उठीं। जिस तरह तूफान आए, उसी तरह चले भी गए। लेकिन, पौधे ने तब तक पेड़ का रूप धारण कर लिया और सपने ने सत्य का।

तिवारीजी का जीवन संघर्ष की सजीव कहानी है। जिस संकीर्ण राह से वह बढ़े और आज जहां तक पहुंचे, वह भी कम लोमहर्षक नहीं।

19 मार्च 1910 को समदरिया दुबे का पुरवा गांव में जन्म हुआ। साधारण-सी गृहस्थी थी। दस वर्ष की आयु में पिता की आकस्मिक मृत्यु हो गई, जिससे नन्हे बालकों का भविष्य और भी अनिश्चित हो गया।

मेरठ, बुलन्दशहर और प्रतापगढ़ के देहातों में बाल्यकाल बीता। जहां पेट की ही समस्या हो, वहां पढ़ने का क्या प्रश्न? फिर भी पढ़ना था, लगन जो थी। तब पिताजी के किन्ही मित्र की सहायता से प्रेम महाविद्यालय में निःशुल्क अध्ययन की व्यवस्था हो गई।

बहुत समय तक रिसर्च इंस्टीट्यूट तिबिया कॉलेज में उन्होंने कार्य किया। साथ ही पठन-पाठन का क्रम भी चलता रहा। अंत में हिंदू कॉलेज, दिल्ली से प्रथम श्रेणी में बी.एस.सी. की डिग्री प्राप्त की।

*

पिछले पच्चीस वर्ष से तिवारीजी का संपर्क वैज्ञानिक-गवेषणा से रहा। लगभग बीस वर्ष विज्ञानशाला में व्यतीत करने के बाद आजकल वह 'वैज्ञानिक एवं औद्योगिक परिषद' के 'वेल्थ ऑफ इंडिया' के निर्माण में संलग्न हैं। 'विज्ञान प्रगति' पत्रिका का संपादन भी वर्षों से वही कर रहे हैं।

विज्ञान-संबंधी उनकी रचनाएं भी कम महत्व की नहीं। 'पानी बोला' वैज्ञानिक दृष्टिकोण का सफल कहानी-संग्रह है। 'विज्ञान और सभ्यता' उनकी नवीन कृति गत वर्ष उत्तर प्रदेश सरकार द्वारा पुरस्कृत भी की गयी। 'आओ करें सवारी' बालकोपयोगी रचना है। उसमें वैज्ञानिक प्रगति का बड़े सुंदर ढंग से वर्णन किया गया है।

*

तिवारीजी अद्यतन कथा-शिल्पियों में प्रमुख, वैज्ञानिक-कहानियों के सृष्टा, उपन्यासकार एवं एकांकी लेखक हैं। उनका साहित्यिक जीवन कवि, निबंधकार एवं आलोचक के रूप में प्रारंभ हुआ।

प्रारंभिक-रचनाएं 'महारथी' में प्रकाशित हुई थीं। 'हंस' के भी गिने-चुने लेखकों में से रहे; 'कमला', 'नवजीवन', 'सोना और नर्स' तथा 'सागर, सरिता और अकाल' उनके सुप्रसिद्ध उपन्यास हैं। कहानियों और फुटकर रचनाओं की संख्या भी कम नहीं। लगभग छः सौ ड्रामा, फीचर आदि अब तक आकाशवाणी से प्रसारित हुए।

वह लब्ध-प्रतिष्ठित रूपक-लेखक ही नहीं, सफल निर्माता एवं कुशल प्रसारक भी हैं। सरस साहित्य में वैज्ञानिक दृष्टिकोण तथा वैज्ञानिक साहित्य में सरसता, उनकी अपनी विशेषता है।

जितना कुछ छपा, उससे अधिक उन्होंने बिना प्रकाशित किए ही फाड़ फेंका। आज भी उनके पास ऐसी पाण्डुलिपियों की कमी नहीं है, जिन्हें प्रकाशित करने का विचार उन्होंने सदा के लिए छोड़ दिया है।

*

उनमें प्रचण्डता, प्रखरता, ज्वालामुखी की-सी धधक और तूफान का-सा वेग नहीं। वह सुप्त, शांत स्वभाव के, समझौते में आस्था रखने वाले हैं। सरलता से उन्हें मोह है। सादगी भी कम पसंद नहीं। कुछ अर्थों में वह क्रांतिदर्शी हैं, लेकिन, क्रांतिकारियों के से लक्षण उनमें कम ही दृष्टिगोचर होते हैं।

'सफल लेखक कौन हो सकता है?' इस प्रश्न का उत्तर देते हुए तिवारीजी बोले, 'जो स्वयं का जितना निर्मम आलोचक हो।'

आधुनिक-साहित्य की गतिविधियों से उन्हें संतोष नहीं। उनके विचार में 'भारतीय-साहित्य की दशा में चेतना नहीं, वह चेतना जो शक्तिशाली जीवन से आती है।'

'शक्तिशाली जीवन का स्रोत!'

'मानसिक आलोड़न, तिवारीजी ने उत्तर दिया- 'जो आज अत्यधिक आवश्यक है।'

*

तिवारीजी वैज्ञानिक-साहित्यिक ही नहीं, चित्रकार भी हैं। बागवानी से उन्हें कम प्रेम नहीं। उससे भी बढ़कर उनकी आस्था है- नए प्रयोगों में, चाहे वह किसी क्षेत्र में क्यों न हों।

एक ओर जहां वह गूढ़-गहन, चिंतन-मनन के लेख लिखने में सिद्धहस्त हैं, तो दूसरी ओर सरल साधारण बालकोपयोगी रचनाएं भी खूब लिखते हैं। साहित्य-विज्ञान और कला का सफल समन्वय करने वाले हिंदी-जगत में वह शायद पहले व्यक्ति हैं।

❑

(सन् : 1958)

प्रसिद्ध सम्पादक : राजेन्द्र शर्मा

श्री राजेन्द्र शर्मा का जन्म 8 अक्तूबर, 1923 को दिल्ली में हुआ। पैतृक व्यवसाय सरकारी नौकरी था। इसलिए पिता की यदि यह इच्छा रही हो कि वह भी उन्हीं की लीक पर चलें तो अचरज नहीं। इन्हीं आशाओं से उन्हें प्रयाग विश्वविद्यालय भेजा गया। लेकिन, कुछ ही समय में शिक्षा-प्रणाली से असंतुष्ट, गांधीजी के असहयोग आंदोलन से प्रभावित तथा आध्यात्मिक विचारधाराओं के बहाव में आकार उन्होंने यह राह भी छोड़ दी। पिताजी के नाम 50 पेज का लंबा पत्र भेजकर अपने ननिहाल अनूपशहर का रास्ता पकड़ा। गंगा के किनारे दिन-रात घूमने-भटकने वाले वीतरागी तरुण से अब किसी को क्या आशा हो सकती थी। घर में भी कम तूफान न मचा। लेकिन अंत में इस ओर से निराश हो सभी को चुप रहना पड़ा।

तत्कालीन परिस्थितियों के कारण जो मानसिक संघर्ष चला, उसी के दुःख-सुखात्मक अनुभूतियों की सच्ची, तीव्र एवं मार्मिक अभिव्यंजना 'मंगल गीत' में हुई, जिसमें उपेक्षित किशोर कवि का संत्रस्त हृदय सहसा कराह उठता है :-

'जब मैं अपनी मति के बल पर,
चला सोचकर तनिक न छल कर,
मेरे विश्वासों को तुमने,
बच्चा कह कर खूब टलाया।'

शर्माजी चाहते तो कहीं अन्यत्र अच्छे ओहदे पर पहुंच गए होते। धन के साथ-साथ यश भी कम अर्जित न किया होता। लेकिन वह अंधविश्वासी हठी बालक की तरह सदैव साहित्य का पल्ला पकड़े रहे।

*

शर्माजी जन्मजात लेखक हैं। शैशव से ही साहित्य की ओर विशेष रुचि रही। उनकी पहली रचना सन् 1939 में 'वीर अर्जुन' में प्रकाशित हुई। तब कुछ ही समय में 'हंस', 'सरस्वती', 'देशदूत', 'नवयुग' के इने-गिने लेखकों की श्रेणी में आ पहुंचे।

प्रतिभाशाली पत्रकार, सफल मनोवैज्ञानिक, कथा-शिल्पी एवं मार्मिक स्केच-लेखक ही नहीं, वह आशावादी भावुक कवि भी हैं। 'मंगल-गीत' उनका पहला गीत-संग्रह

था, जिसमें उन्मुक्त नीलगगन में विहार करते हुए भी कहीं यथार्थ का संबल नहीं छूटता। यही कारण है कि उनकी रचनाएं सत्य, सुंदर के साथ-साथ आशा की संदेश वाहक भी हैं। झंझावतों में भी कवि राह से विचलित नहीं होता–

'हीनता जीवन का कब अंग?
भला क्या पावक-जल का संग?
न तजना मानवता को भूल,
नहीं तजती जैसे जल मीन।
नहीं होना मन कभी मलीन।'

'पत्ते-हरे, पीले' और 'परिधि' उनके श्रेष्ठ कथा संग्रह हैं। 'कायर', 'हेमा' उपन्यास भी कम प्रशंसित नहीं। 'कायर' गुजराती में भी अनुदित हो चुका है। सामाजिक रूढ़ियों एवं विषमताओं के प्रति आंतरिक विद्रोह इन रचनाओं में व्यक्त हुआ है। 'मानस हंस' पौराणिक कथा-संग्रह उत्तर प्रदेश सरकार द्वारा पुरस्कृत हो चुका है। 'सागर सेतु' आध्यात्मिक रचना है।

इन सबसे बढ़कर सराहनीय प्रयत्न है, उनकी नवीनतम कृति–'ज्ञान-सतसई'। उपनिषदों के सार को लेकर इसकी रचना हुई है। वेदान्त की सारी प्रक्रिया इसमें समायी हुई है। क्या ही अच्छा होता यदि इसकी रचना ब्रज के बदले खड़ी बोली में की गई होती।

*

अपने शिक्षण-काल (सन् 1941) में ही उन्होंने 'रश्मि' मासिक का प्रकाशन एवं संपादन किया। सन् 1945 में बम्बई की पाक्षिक पत्रिका 'माहेश्वरी' के सह-संपादक रहे। 'सरिता', 'विजय', 'विश्वमित्र', 'अमर भारत', 'नवभारत' के संपादकीय विभाग में भी उन्होंने कार्य किया। हैदराबाद से जब 'हिन्दी मिलाप' निकलने लगा तब उन्हें उसका सर्वप्रथम संपादक होने का श्रेय मिला। अगस्त 1951 से उनका संबंध 'धर्मयुग' से रहा। 'सुगमवर्ग पहेली' की स्थापना उन्हीं के द्वारा हुई। 'धर्मयुग' से त्यागपत्र देने के बाद 'समाज' और 'सुप्रभात' से उनका संबंध हुआ। वहां भी उन्होंने काया पलट की।

*

पुराने पत्रकारों की परंपरा को सच्चाई से निभाते हुए शर्माजी ने सिद्धांतों को पैसे और 'पद' से कहीं कम न समझा। सिद्धांतों की उपेक्षा उन्होंने कभी सहन नहीं की। कष्ट सहकर भी पत्रकारिता के धर्म को निभाया। जहां कहीं जिस पत्र में भी गए वहां अपनी प्रखर-प्रतिभा से उसमें चार चांद लगा दिए।

खोज, लगन और अध्यवसाय के लिए शर्माजी का आधुनिक पत्रकारों में अपना विशिष्ठ स्थान है। वयोवृद्ध पत्रकार श्री सत्यदेव विद्यालंकार जी के शब्दों में–'ऐसे लेखों की, समाचारों की कटिंग वे अपने भानुमती के पिटारे में से चंद मिनटों में निकाल सकते हैं, जिनके अस्तित्व की कोई कल्पना भी नहीं कर सकता।

*

गत वर्ष से 'मधुकर' का संपादन जिस कुशलता से वह कर रहे हैं वह किसी से छिपा नहीं है। इतने अल्प समय में पत्रिका की आशातीत सफलता देख अचरज हुए बिना नहीं रहता। सारी पत्रिका का संपादन, संचालन एवं अन्य कार्य वह स्वयं करते हैं। साथ ही पठन–पाठन तथा लेखन का कार्य भी अबाध गति से चलता रहता है। कर्मठता के ऐसे उदाहरण कम ही दृष्टिगोचर होते हैं।

*

'नैतिक दृष्टि से वही पत्र, पत्रकार एवं पत्रकारिता सफल है, जो राष्ट्रीय चरित्र के निर्माण में सहायक हो सके। समाज की उपेक्षा करके व्यक्ति की प्रगति संभव नहीं, क्योंकि व्यक्ति से बढ़कर है–समाज'।

इस कथन में शर्माजी की पूर्ण आस्था है। आधुनिक पत्रकारिता से उन्हें संतोष नहीं। जब तक आत्मबल की कमी, दलबन्दी का रोग, बंधुवाद का विनाश एवं लोकेषणा का अंत नहीं होता, तब तक सही अर्थों में पत्रकारिता पनप नहीं सकती।

❑

(सन् : 1958)

प्रचार से कोसों दूर गोविन्दवल्लभ पन्त

पण्डित गोविन्दवल्लभ पन्त भारत के एक महान नेता तथा प्रतिभाशाली राजनीतिज्ञ थे तो उन्हीं की नाम-राशि के एक सुप्रसिद्ध साहित्य सेवी भी हैं। इन्होंने भी कूर्मांचल की पवित्र भूमि में जन्म लेकर दूर-दूर तक प्रतिभा-प्रकाश विकीर्ण किया है।

साधारण-सा स्वस्थ शरीर, साधारण-सी वेशभूषा, साधारण-सी ऊंचे बाड़े की टोपी, साधारण-सा थैला थामे बस स्टैण्ड में उन्हें खड़ा देखकर सहज ही कोई स्वीकार नहीं कर सकता कि वह यशस्वी साहित्य-सेवी श्री गोविन्दवल्लभ पन्त यही हैं जिनकी रचनाओं ने आज के अनेकों नाटककारों को नाटक के क्षेत्र में प्रविष्ट कराया और नाटक लिखना सिखाया। इस तरह उन नाटककारों की बेपहिए की गाड़ी भी समय के साथ-साथ साहित्य की सड़क पर बहुत दूर आगे निकल भागी। पर, पन्तजी मील के पत्थर की तरह खड़े-खड़े देखते रहे।

चेले शक्कर हो गए। लेकिन, गुरुजी वही रहे जो पहले थे। शायद इसलिए कि उनमें गुरुडम नहीं। जिसमें गुरुडम नहीं, वह गुरु कैसा!

ऑफिस, घर और पुस्तकालय। इन तीनों स्थानों के अतिरिक्त पन्तजी और कहीं भी देखे नहीं जा सकते। स्वभाव से ही वह एकांतप्रिय हैं। कोलाहल से उन्हें बैर है। समारोहों से भय। चुपचाप काम पर लगे रहना यही उनकी दिनचर्या है। मौन तपश्चर्या है। और है अटूट साधना।

*

गत् 44 वर्षों की सतत साधना के बाद पन्तजी ने लगभग 44 पुस्तकें लिखीं। लेकिन अपने लिए नहीं, अधिकांशतः प्रकाशकों के लिए। प्रकाशकों की तो वह कामधेनु हैं। जिसने जब चाहा, जितना चाहा दुह लिया और फिर बिना चारे-पानी के खूंटे से बांध दिया। पर उन्होंने किसी से कुछ न कहा।

साहित्य के रंगमंच पर 'वरमाला' के साथ बड़े नाटकीय ढंग से पन्तजी अवतरित हुए। कभी बड़ी धूम मची थी जिसकी। फिर 'राजमुकुट' का आविर्भाव हुआ,

23 वर्षों में जिसके 26 संस्करण निकले। लगभग आधे लाख से अधिक प्रतियां बिकीं। 'जुनियां' ने भी कुछ नई देन दी साहित्य को, जिसे हिंदी का पहला आंचलिक उपन्यास माना जा सकता है। इनके अतिरिक्त अनेकों पुस्तकों के अनेकों संस्करण निकले। पुरस्कार मिले, लेकिन इस सबके बावजूद भी लेखक को क्या मिला! कहा जाता है कि उनके कुछ शुभचिंतक प्रकाशकों ने रायल्टी के वादे करने के बाद भी कापी राइट स्वयं हथिया लिया।

*

पन्तजी क्या हैं? और क्या नहीं हैं? ये दोनों ही प्रश्न विचित्र हैं। कवि, नाटककार, कहानीकार, उपन्यासकार, मूर्तिकार, चित्रकार, सब में वह समान रूप से पारंगत हैं। चिनार की पत्तियों का पुस्तक-चिह्न, स्वनिर्मित नन्ही-नन्ही मूर्तियों के पेपर वेट, अपने हाथ बुना बनियान, रंगा कागज, रंगे चित्र प्रत्येक वस्तु में उनकी अपनी अलग छाप रहती है।

लिखेंगे तो पहले चित्र बना लेंगे। अपनी कल्पना को इस रूप में साकार करने के बाद वह अक्षरों में ढालते हैं। कोलाहल में भी लिखने के अभ्यस्त हैं। कानों में 'गोलियां' डालने के बाद फिर कोई वस्तु उन्हें विचलित नहीं कर सकती। उनके कितने ही उपन्यास बम्बई की उपनगरी रेलगाड़ियों में तथा नैनीताल के रेस्तराओं के शोरगुल में लिखे गए हैं। फिर उनकी मान्यता है कि बाहर की नहीं, अशांति भीतर की भयावनी रहती है।

'यदि लेखक में कुछ कर सकने की क्षमता है तो प्रतिकूल परिस्थितियां भी बाधक नहीं बन सकतीं।' इस पर पन्तजी की पूर्ण आस्था है।

वह चाहते तो आज बहुत अच्छे ओहदे पर पहुंच गए होते। लक्ष्मी के भी कुछ कम कृपापात्र न बनते। सुगमता से सुख-सुविधाओं के साधन भी सुलभ कर लिए होते। किन्तु पन्तजी ने पहले से कुछ दूसरा ही पन्थ पकड़ा। सत्याग्रह आंदोलन में कूदकर पाठ्य पुस्तकों को तिलांजलि दे दी। विश्वविद्यालय से यों छूटकर स्वाधीनता संग्राम में भी अधिक बढ़ न पाए। तब नाटकों के निराले शौक ने अपनी नाना प्रकार की नाटकीय लीलाएं दिखलाईं।

इनका ऐसा जादू चढ़ा कि सबसे संन्यास लेकर नाटक मंडलियों के पीछे आंखें मूंद भागते रहे। भारत का भ्रमण किया। 'व्याकुल भारत नाटक कंपनी', 'न्यू अल्फ्रेड थिएटर्स' आदि के लिए नाटक लिखे, लिखवाए, खेले, खिलवाए। लम्बे समय तक क्रम चलता रहा।

कुछ वर्षों तक चलचित्र जगत के विचित्र वातावरण में भी रहे। अध्यापन भी किया अल्पकाल तक। लेकिन लेखनी कभी छोड़ी नहीं। दोनों हाथ से कसकर थामे रहे।

अनेकों आंधियां आईं, ज्वार जागे पर पकड़ ढीली न की। लिखते रहे। निरंतर लिखते रहे। विनिमय में इससे क्या मिलता है, और आगे क्या मिलेगा, इस पर उन्होंने कभी सोचा ही नहीं।

जब जितना मिला, उसी पर संतोष किया। यह ब्राह्मण वृत्ति यानी कि साहित्यिक-प्रवृत्ति उनके स्वयं के लिए भी कम सहायक न हुई। किसी भी कीमत पर अपने स्वाभिमान को ठेस लगाना स्वीकार न किया। 'जिसका व्यय आय पर संतुलित रहता है, उसके लिए कम का प्रश्न ही क्या?'

इस दृष्टि से बालजाक उनका प्रिय लेखक है।

'संघर्षों में भी लोगों ने कम नहीं लिखा। अच्छा लिखा और बहुत अच्छा लिखा।' एक दिन पन्तजी कहने लगे। उन्होंने अपने प्रिय लेखक बालजाक का दृष्टांत दिया। दिनभर लिखने के बाद भी जिसे शाम को पेट में ठूंसने के लिए कुछ सुलभ न होता। तब वह कोरे कागज पर कलम से एक गोल घेरा खींचकर तस्तरी का आकार बनाता और उसके ऊपर अपनी प्रिय रोटी का नाम लिखता। उसे देखता और फिर आंखें मूंदे सो जाता।

*

एक बार कुरुक्षेत्र की यात्रा का एक हृदयग्राही संस्मरण उन्होंने सुनाया। सांझ को एक बैलगाड़ी पर बैठे वह कुरुक्षेत्र की रणभूमि से होकर गुजर रहे थे। गाड़ी वाला विभोर होकर गीता के श्लोकों को गुनगुना रहा था। सारा वातावरण बड़ा भव्य था। फिर वह स्थान जहां श्रीकृष्ण ने अर्जुन को गीतोपदेश दिया था, विशेष रूप से रुचिकर लगा। ऐसी शांति कहीं भी नहीं देखी।

यही बात मैं पन्तजी से बहुत दिनों से कहने की सोच रहा था। संघर्ष में ही क्या शांति नहीं? जीवन के कुरुक्षेत्र से आदमी बनकर भी कहां जाएगा!

इधर कुछ वर्षों से पन्तजी नैनीताल की शांत नगरी छोड़कर राजधानी के वासी बने हैं। पर काजल की कोठरी में प्रवेश करने के बाद भी एक धुंधली-सी स्याह लकीर उन्होंने अपने ऊपर न लगने दी। पानी पर पड़े तेल की तरह वह सारे वाद-विवादों एवं संप्रदायों से बचे रहे। 'काम से काम' उनकी यही धारणा है। शायद यही कारण है कि राजधानी के अधिकांश साहित्यिक तक नहीं जानते कि पन्तजी इतने अर्से से यहां निवास करते हैं। शायद यही कारण है कि वह इतने 'महान' बन न पाए, जितना उन्हें होना चाहिए था। हक का ही नहीं मिला, अधिक की कौन कहे!

सर्वसाधारण ही नहीं, साहित्यकारों तक में उनके बारे में कम भ्रांतियां नहीं। कुछ तो आज भी बड़ी विचित्र धारणाएं लिए रहते हैं। गोविन्दवल्लभ पन्त (लेखक) और गोविन्दवल्लभ पन्त (स्व. गृहमंत्री) में उन्हें आंखें खोले भी अंतर नहीं दिखाई देता।

एक दिन पन्तजी से किसी विषय पर चर्चा छिड़ी थी। इतने में किन्हीं महिला ने आकर एक मराठी पत्र उनके सामने रखा, जिसमें उनकी किसी कहानी का मराठी रूपान्तर था। कहानी के नीचे लेखक के नाम के स्थान पर मोटे-मोटे अक्षरों में–'कैलासवासी पंडित गोविन्दवल्लभ पन्त' लिखा था।

मुझे सहज ही कम विस्मय न हुआ। पर पन्तजी ने उसे यों ही उठाकर परे रख दिया जैसे रोज की ही साधारण-सी घटना हो।

*

जितना उन्होंने लिखा, उसके प्रति उन्हें संतोष नहीं। मौलियर, इब्सन, शेक्सपीयर, बर्नार्ड शा तथा कालिदास की ही दुनिया में वह अधिक विचरण करते हैं। वर्तमान साहित्य के विषय में उस दिन वह सामने रखी ढेर-सी पुस्तकों की ओर संकेत कर कह रहे थे–'देखिए, यह सब कूड़ा है! कूड़ा! इसे साहित्य कहने का साहस मुझे तो नहीं होता। क्या आपको होता है?'

यद्यपि पन्तजी ने हर विषय पर कलम उठाई। लेकिन नाटकों के क्षेत्र में उनकी देन महत्वपूर्ण है। हिंदी के अधिकांश नाटक रंगमंच की दृष्टि से सफल नहीं रहते। इसी कमी को पूरा करने के लिए उन्होंने बहुत बड़ा योग दिया है।

पन्तजी सरल प्रकृति के उदार व्यक्ति हैं। छल-छद्मों से कोसों दूर। 64 साल की अवस्था में भी लगता नहीं कि वह बूढ़े हो गए। फिर पता नहीं लोग क्यों उन्हें 'पुरानी पीढ़ी' का पुराना साहित्यकार समझते हैं। साहित्य तो शाश्वत है। उसमें क्या नया, क्या पुराना!

पन्तजी की कृतियों का मूल्यांकन अभी तक हुआ नहीं। पता नहीं, कब होगा। जब तक साहित्य में दल-बंदियां हैं, संप्रदाय हैं, तब तक क्या हो सकता है! ऐसे समय में कोई साहित्यसेवी ईमानदारी से लिख लेता है, ईमानदारी से जी लेता है–यही क्या कम है!

❑

(सन् : 1961)

सुप्रसिद्ध पत्रकार : महावीर अधिकारी

'सफल पत्रकार वही हो सकता है, जो अपने सिद्धांतों के लिए जूझ सके, बड़े से बड़ा त्याग कर सके...। परंतु आज है क्या? पत्रकार चंद चांदी के टुकड़ों का दास...।''

अधिकारीजी अपनी पीढ़ी के सजग, सफल और सुलझे हुए पत्रकारों में से एक है। पुरानी परंपराओं में जिनकी आस्था नहीं, सामाजिक मान्यताओं में जिनका विश्वास नहीं, जो दिक-भ्रम की अनिश्चितता से दूर वास्तविक धरातल की ओर बढ़ना चाहते हैं, व्यक्ति ही नहीं सारे जर्जर समाज का ढांचा बदलना चाहते हैं, उन्हीं में से एक-अधिकारीजी!

*

पैगम्बर पुर गांव के रहने वाले हैं वह। फिर उनका कुछ नया पैगाम हो तो आश्चर्य नहीं। बचपन में भले ही मल्ल-युद्ध के शौकीन रहे हैं, परंतु अब वह तन से तो उतने नहीं, मन से अवश्य महावीर हैं। वह अब अधिकारी भी नहीं, त्यागी हैं।

धुन के भी वह कम पक्के नहीं। एक जमाना था, जब उन्होंने अभिनेता बनने के लिए दिल्ली से कलकत्ता तक का पैदल मार्च किया था। लेकिन अच्छा ही हुआ कि वह नेता और अभिनेता न बनकर साहित्य-प्रणेता ही बने रहे।

*

अधिकारीजी प्रतिभावान पत्रकार, सफल कहानीकार एवं चिंतनशील लेखक ही नहीं, श्रेष्ठ स्कैच-लेखक भी हैं। श्री कन्हैया लाल मिश्र 'प्रभाकर' ने एक बार कहा था कि उत्तर भारत में दो ही अच्छे स्कैच लिखने वाले हैं-एक 'प्रभाकर', दूसरे 'अधिकारी'।

इस कथन से कितने लोग सहमत होंगे, यह तो वाद-विवाद का प्रश्न है, लेकिन, इतना निश्चित है कि इस दिशा में अधिकारीजी को आशातीत सफलता मिली।

'यौवन की आंधी', 'सिद्धार्थ', 'पाप की गली' उनकी सफल अनुदित रचनाएं हैं। 'जीवन के मोड़' मौलिक कहानी संग्रह आलोचकों द्वारा बहुत प्रशंसित हुआ। 'भारत का चित्रमय इतिहास' भी कम सराहनीय प्रयत्न नहीं। संस्मरणात्मक लेखों के संग्रह की पाण्डुलिपि 'वे पराजय के दिन नहीं थे' की सन् 1942 के आंदोलन में आहुति चढ़ गई।

'सुकरात के पथ पर' उनकी नवीन कृति एक नई दिशा की ओर संकेत करती है। अपने ही हाथों काफी दुःख भोगने के बाद जो अनुभूतियां हुईं, उनका उसमें समष्टिगत निरूपण है।

अधिकारीजी सूझबूझ के व्यक्ति हैं। यथार्थ से वह परे नहीं। उनकी लेखनी में वेग है, बहाव है।

*

'नवयुग' का ग्यारह वर्ष तक जिस कुशलता से उन्होंने संपादन किया, लोग अभी तक भूले न होंगे। बाईस वर्ष के जीवन के बाद हिंदी के उस विख्यात प्रथम सचित्र-साप्ताहिक का जब कुछ कारणों से अंत होने लगा तब श्री बनारसीदास चतुर्वेदी ने इस आशय का एक लंबा पत्र श्री डालमिया के नाम भेजा था–

'अपने जीवन-काल में यह पत्र साहित्य का मंदिर बन चुका है। हिंदी जगत पर यह बहुत भारी कृपा होगी, यदि आप इसे बंद न करें।'

उसके बाद 'ज्ञानोदय' तथा 'समाज' पर भी अधिकारीजी की अद्वितीय प्रतिभा ने चार चांद लगा दिए।

उनके अथक प्रयत्नों के परिणाम स्वरूप किसी समय दिल्ली में 'प्रजा' साप्ताहिक की भी धूम मची थी। सन् 1955 से वह 'समाज-कल्याण' का संपादन कर रहे हैं। पहले ही तीन अंकों पर भारत सरकार द्वारा आयोजित प्रतियोगिता में सर्वप्रथम पुरस्कार प्राप्त कर लेने से उसकी सफलता का सहज ही अनुमान लगाया जा सकता है।

*

'साहित्यकार और सर्विस' पर जब बातें छिड़ीं तब कोई उत्साह न दिखाई पड़ा। उन्होंने दिक्-भ्रम की बात कही और बोले, ''राजाश्रय' में रहने वाली प्रतिभाओं की तुलना उस मेढ़क से की जा सकती है, जो अंधकारपूर्ण कुएं में रहते हैं, या उस कछुए से, जिसके हाथ-पांव का प्रसार दो-तीन इंच से अधिक नहीं होता।'

'लेकिन, समाधान क्या होगा?' इस प्रश्न का उत्तर देते हुए कहा, 'जिन्होंने परिस्थितियों से जूझकर भी अपनी लेखनी की धार को तेज रखा, जब तक वह धार नहीं आती, तब तक सुधार की कोई आशा नहीं।'

इसी भावात्मक अंतर्द्वन्द्व के कारण एक बार 'नर्वस ब्रेक डाउन' से उनकी सारी शक्ति जाती रही। लेकिन, फिर खोई चेतना का पुनर्जागरण हो रहा है, अधिकारीजी प्रतिभाशाली साहित्यिक ही नहीं, सुलझे और सहृदय व्यक्ति भी हैं। ऐसे तरुण रक्त पर आज हिंदी जगत की बहुत कुछ आशाएं अवलम्बित हैं।

❑

(सन् : 1958)

जैन दर्शन के उद्भट विद्वान महाप्रज्ञ पंडित सुखलाल

विलक्षण कार्यक्षमता, अपरिमित ज्ञान, शील एवं सौजन्य, सब मिलाकर पंडित सुखलालजी पंडितों में भी एक अपवाद हैं। 79 वर्ष की अवस्था में भी, नेत्र विहीन होते हुए, आज उनका पुरुषार्थ नवयुवकों को चुनौती दे रहा है। लगता है, प्राचीन ऋषि-कुल के कुलपति अपनी पुरातन परंपरा का निर्वाह कर रहे हैं।

गुजराती की सातवीं श्रेणी तक ही पढ़ पाए कि आंखों की ज्योति जाती रही। उस पर भी पंडितजी ने 'न्यायाचार्य' की परीक्षाएं पास कीं। संस्कृत, प्राकृत, पाली, हिंदी, गुजराती, मराठी, अंग्रेजी आदि भाषाओं का गहन अध्ययन किया। एक नहीं, अनेक ऐतिहासिक महत्व के ग्रंथों की रचना की।

पंडित सुखलालजी का जीवन संघर्षशील साधक की मूक कहानी है। जिस राह से होकर वह बढ़े और जहां पर पहुंचे, वह भी कम लोमहर्षक नहीं। नयन-विहीन व्यक्ति क्या कर सकता है? पर यहां प्रश्न उठता है—पंडितजी ने क्या-क्या न किया।

बच्छराज घाट की गुफा जैसी कोठरी में ठिठुरते शीत एवं तपते ऊष्ण में महीनों तक हिंदी का अभ्यास किया। अपनी ज्ञान-पिपासा पूरी करने के लिए घर से निकल पड़े। काशी पहुंचकर अध्ययन किया। सन् 1906 तक केवल तीन वर्षों में अथक परिश्रम के पश्चात् अठारह हजार श्लोक परिणाम 'सिद्ध हेम व्याकरण' कण्ठस्थ कर लिए, चिलमिलाती धूप या कड़ाके की सर्दी में प्रतिदिन आठ-दस मील पैदल चलकर गुरुजनों की सेवा में पहुंचते। जो कुछ भी सुनते सब कण्ठस्थ कर लेते। लिखने का तो प्रश्न ही नहीं था।

'न्यायाचार्य' की परीक्षा में 'लेखक' अयोग्य निकला तो आगे लिखवाना कठिन हो गया। अतः मौखिक परीक्षा ली गई। इनके तर्कसंगत उत्तरों को सुनकर अंग्रेज प्रोफेसर बेनिस दंग रह गए। 'नव्यन्याय' के अध्ययन के हेतु फिर मिथिला पहुंचे। वहां भी सर्दी और बरसात का मुकाबला कर लोहे के चने चबाने पड़े। घास के बिछौने पर फूस की झोंपड़ी में सोकर भी अध्ययन कर क्रम जारी रखा। आर्थिक संकट कम न

थे। पर, उनसे निराश होना या पीछे हटना उन्होंने न सीखा था। इसी अनवरत परिश्रम का परिणाम था कि वणिक सुखलाल सारस्वत हो आए और पंडितों में भी प्रकाण्ड पंडित कहलाए।

जाग्रत जिज्ञासा और अविरल प्रयास, पंडितजी के जीवन के दो प्रेरक बल हैं। यही कारण था कि संकट के समय भी वह कर्तव्य-पथ से विचलित न हुए। अपनी जिज्ञासा की पुष्टि के लिए किसी भी प्रकार के पुरुषार्थ में वह पीछे न रहे।

बाल्यकाल से ही जीवन की हर दिशा में जागरूक होना उनकी विशेषता है। भय नाम की कोई वस्तु हृदय में कभी घर न कर पाई। कुएं में कूदकर उन्होंने स्वयं तैरना सीखा। सरकस के घुड़सवार की तरह घुड़दौड़ में पारंगत थे। गिरना, उठना और फिर बढ़ना, यही उनके जीवन का लक्ष्य रहा। उल्टे पांव तैरकर लंबी-चौड़ी नदियों की सीमाएं पार कीं। बाद में काशी में विद्याध्ययन के समय दृष्टि-रहित होने पर भी पांव में रस्सी बांधकर तैरते थे। कई बार बिना रस्सी के भी कूद पड़ना उनके लिए बड़ी बात न थी।

'पंडित सुखलालजी अपनी विवशता के कारण लिख नहीं सकते। हां, लेखक अवश्य तैयार कर सकते हैं।' किन्हीं मित्र का यह कथन उन्हें बहुत अधिक खटका। 'लिख नहीं सकते तो क्या हुआ? लिखा तो सकते ही हैं,' यही सोचकर उन्होंने प्राकृत भाषा का 'कर्मग्रंथ' उठाया। उसका रूपान्तर इस सजीव शैली में किया कि विद्वत-वर्ग उसे देखकर दंग रह गया। तत्पश्चात् आठ-नौ वर्षों के भगीरथ प्रयत्नों के पश्चात् महान दार्शनिक ग्रन्थ 'सम्मति तर्क' का संपादन कार्य संपन्न किया-डॉ. जेकोबी, प्रोफेसर लोयमन, प्रोफेसर ल्युडर्स जैसे सुप्रसिद्ध पाश्चात्य पंडितों ने जिसकी मुक्त-कण्ठ से प्रशंसा की। भारत के कॉण्ट प्राचार्य धर्मकीर्ति के बौद्ध न्याय के सुविख्यात ग्रन्थ 'हेतु बिन्दु' का रूपान्तर भी किया।

'पंडितजी का मुख्य विषय है- 'भारतीय दर्शन', सभी दर्शनों के मूल तत्वों का सच्चे सत्यान्वेषी की तरह उन्होंने अभ्यास किया। समन्वयवादी दृष्टिकोण की स्थापना दर्शन के क्षेत्र में पंडितजी की अपनी मौलिक देन है। सामाजिक रूढ़ियों एवं प्राचीन प्रतिगामी मान्यताओं का उन्होंने स्पष्ट शब्दों में प्रतिरोध किया। नई मान्यताओं का निर्माण कर 'समन्वय के समर्थ पंडित' कहलाए।

'आध्यात्म-विचारण', 'भारतीय', 'तत्व विद्या', 'आध्यात्मिक विकास क्रम', 'दर्शन अने चिन्तन', उनकी सुप्रसिद्ध रचनाएं हैं। 'हेतु बिन्दु', 'ज्ञान बिन्दु', 'योग दर्शन', 'प्रमाण मीमांसा', 'तत्वसूत्र', 'सम्मतितर्क', 'दण्डक' आदि श्रेष्ठ रूपान्तर।

सौराष्ट्र की सन्त भूमि में सन् 1880 को लोमड़ी नामक गांव में पंडित सुखलालजी का जन्म हुआ। जड़ीबाई के स्नेहसिक्त आंचल के साए में बाल्यकाल बीता। अनेक

वर्षों बाद उन्हें ज्ञान हो पाया कि यह माता नहीं विमाता है। मां का स्वर्गवास हुए वर्षों बीत चुके थे। लेकिन 14 साल की किशोरावस्था में विमाता भी चल बसी। अब मूलजी काका ने बच्चों की देखभाल अपने जिम्मे ली। मां का ही नहीं, उनसे पिता का भी प्यार मिला। आज भी पंडितजी उन्हें 'पुरुषमाता' के प्रेम भरे नाम से स्मरण किया करते हैं। काका घर के साधारण कर्मचारी होते हुए भी परिवार के असाधारण आत्मीय हो गए।

अल्पावस्था में आंखों का प्रकाश गया। पर पराधीन आज भी इस अवस्था में नहीं। अधिक से अधिक स्वावलम्बन के पक्षपाती है वह। दूसरों से सेवा लेने में उन्हें बड़ा क्षोभ होता है। इसलिए जीवन को उन्होंने सरल से सरल बनाया। अपरिग्रह का आग्रह किया।

सुखलालजी प्रत्येक कार्य नियत समय पर करते हैं। धन के दुर्व्यय की तरह समय का दुर्व्यय भी उन्हें सह्य नहीं। हर किसी की बात एकाग्रभाव से सुनकर निर्णय देते हैं। स्पष्टवादी भी वह कम नहीं। इसीलिए कभी-कभी तो आलोचना भी हो जाती हो तो अचरज नहीं। पर, स्तुति या निन्दा की चिंता नहीं करते। सत्य से डिगना उन्होंने कब सीखा!

जो कोई भी व्यक्ति संपर्क में आता है, उसे कभी भी वह भूलते नहीं। आवाज से ही वर्षों बाद भी बिना परिचय के पहचानने में उन्हें समय नहीं लगता। जब किसी का वर्णन करने लगते हैं तो सुनने वाला भाप नहीं सकता कि वह चक्षुहीन हैं। कभी-कभी तो उनकी यह प्रवृत्ति और भी आश्चर्य में डाल देती है। श्री शांतिभाई सेठ, जो पंडितजी के निकटतम शिष्यों में से हैं, एक दिन स्मरण सुनाते हुए, बोले-पंडितजी को एक दिन अपने घर आमंत्रित किया। उसी वर्ष विवाह हुआ था। पंडितजी घर पर बैठते ही बोले, 'शांति, गृहिणी तो बहुत समझदार है। घर ऐसा ही स्वच्छ होना चाहिए।'

'आपने कैसे बतलाया पण्डितजी, कि घर स्वच्छ भी है या नहीं?'

उन्होंने उत्तर दिया, 'जूते बाहर ही खोलकर रख दिए थे। नंगे पांव इस सारे घर में मुझे एक भी तिनका कहीं न लगा।'

ऐसे सूक्ष्मदर्शी हैं पंडितजी।

रचनात्मक कार्यों में भी वह पीछे न रहे। मनोविज्ञान, मानवशास्त्र, समाजशास्त्र ही नहीं, कृषि, चरखा, नारीशिक्षा, हरिजनोद्धार आदि अनेक विषयों के रसज्ञ हैं वह। धार्मिक एवं सामाजिक रोगों के सच्चे परीक्षक ही नहीं, चिकित्सक भी हैं।

गांधी की आंधी में भी प्रवाहित हुए। साबरमती आश्रम में बापू के साथ रहे। गांधीजी के 'कर्मयोग' ने उन्हें सबसे अधिक प्रभावित किया। चक्की पीसते-पीसते जब हाथों में फफोले उभर आए, उन दिनों के संस्मरण पंडितजी आज भी आनंद से याद किया

करते हैं। पर, उन्होंने देखा कि उन जैसे व्यक्ति के लिए वहां परावलम्बन अधिक है। अतः अधिक समय तक न रह पाए।

कुछ वर्षों तक 'गुजरात विद्यापीठ' में आचार्य काका कालेलकर, किशोरलाल मशरूवाला, आचार्य कौशाम्बी तथा नानाभाई आदि के साथ अध्यापन का कार्य करते रहे। सन् 1933 में 'जैन दर्शन' के काशी विश्वविद्यालय में प्राध्यापक नियुक्त हुए। दस वर्ष तक काशी के वासी बनकर उन्होंने विस्मृति के गर्त में गिरे अनेक प्राचीन ग्रन्थों का पुनरुद्धार किया। साथ ही 'चैतन्य ग्रन्थों' (मेधावी छात्रों) का निर्माण भी कम न किया।

धर्म, संप्रदायों की परिधि से पंडितजी परे हैं। गुण-ग्राही भी कुछ कम नहीं! महामनीषी राहुलजी ने लिखा है कि उनके तिब्बत के अन्वेषण कार्यों पर आकेदमिक चेवात्सर्की के बाद सबसे अधिक प्रसन्नता पंडित सुखलालजी को ही हुई थी।

पंडितजी का जीवन साधकों के लिए प्रेरणा का प्रकाशस्तम्भ है। आज भी उन्हें इतना अधिक कर्मरत देख किसे अचरज नहीं होता? किसे प्रेरणा नहीं मिलती?

आचार्य विधुशेखर शास्त्री के इस कथन में पंडितजी का सारा व्यक्तित्व समा जाता है- 'पंडित सुखलालजी भारत के प्रकाण्ड पंडितों में से हैं। देश ही नहीं, विदेश के व्यक्तियों के लिए भी वह गौरव के विषय हैं।... विद्वत-समाज में संस्कृत के अगाध ज्ञान के कारण उनका विशेष सम्मान है। पर, चाल-चरित्र के कारण भी कुछ कम नहीं।'

❑

(सन् : 1959)

उपेक्षित मूक साहित्य-सेवी शान्तिप्रिय द्विवेदी

"अवस्था अब क्या होगी?"

अतीत की स्मृतियों में उलझे थे द्विवेदीजी। तभी उनके अधखिचड़ी बालों की ओर देखते हुए सहसा मैं पूछा पड़ा।

सोचते हुए तनिक आर्द्र-स्वर में बोले, "भई, दो चीज मैं किसी को भी नहीं बतला सकता। एक आय, दूसरी आयु...।"

यह कहते-कहते द्विवेदीजी की आकृति सहसा गंभीर हो आई। खोई-सी निगाहों से देखते हुए, भीड़ में कुछ खोजने लगे, जैसे अंधियारे में कुछ छूट पड़ा और अब मिल न पा रहा हो।

बचपन में एक दिन उन्होंने पूछा था, वात्सल्यमयी साध्वी बहन से, अनिकेतन संन्यासी पिता और दिवंगता मां के बाद जो अनाथ बाल विधवा, आंचल के साये में समेटकर सनाथ बनाए हुए थी—"दीदी मेरी उमर क्या है?"

अंगुलियों में मानो दुःख की घड़ियां, अविरल अश्रु की झड़ियां गिन-गिनकर वह कहती, "तू मुझसे बारह बरस छोटा है रे!"

बहन के स्नेह का साया भी हट चला। सांझ-संकारे की तरह बरसों बीत चले। लेकिन, द्विवेदीजी क्या आज भी उन्हीं गोलोकवासी बहन से बारह बरस छोटे नहीं हैं!

दुध मुंहे बच्चों को जब रामभरोसे छोड़कर ममतामयी मां एक दिन चल बसी तो चिन्ता हुई कि रोटी ही भरपेट नहीं मिल पाती तो फिर दूध कहां से आएगा, पीने के लिए! अंधकार में आर्त्तनाद गूंज पड़ा। रोते-सिसकते पड़ोसी दुक्खू चाचा के निकट जा आसरे से कहा, "मां को लुल्लू ने काट दिया। इसे मार दो न चाचा...!"

चाचा ने बहला दिया- "हां।"

लेकिन, एक नहीं, विपदाओं के अनेक विषधर जीवनपर्यन्त जिन्हें डंसते रहे। फिर वह अबला एक दिन असह्य वेदना से तड़पती चल बसी तो क्या आश्चर्य! अभी भी तो चारों ओर लपलपाती पूंछ हिलाए, फन फैलाए, अनेक भुजंग घेरे खड़े थे। उनका समाधान

क्या केवल 'हां' में ही सिमिट सकता था? यह तो युग का अभिशाप था। वह बाल-हृदय तब क्या जानता कि उन्हीं अभिशापों की अभी न जानें कितनी परिक्रमाएं शेष हैं।

अबोध शिशु, बाल-विधवा बेटी, दु:खिया पत्नी, यही तो थी उन परिव्राजक की प्रजा! जो जगती का जंजाल छोड़ जंगल में मंगल मना रहे थे। दूसरी ओर यह निराश्रित लघु-संसार राम-नाम की पतवार थामे, अपनी जीवन-नैया खे रहा था-भंवर के बीच।

*

पूज्य पिता विद्यार्थी-जीवन में अध्ययन के हेतु काशी आए थे। लेकिन, काशी ऐसी रुचि कि उसी के वासी बन गए।

विश्वनाथ की कृपा से जब-तब प्रसाद के रूप में दो दाने अन्न के उपलब्ध हो ही जाते। इससे भी अतुलनीय अनुकम्पा थी गंगा की, जिसके विस्तीर्ण अंचल से जब जितना जी चाहे शीतल जल मिल जाता था पीने के लिए।

पिता तो वनवासी थे ही। लेकिन, मां की आंखें मुंदने के बाद और भी अधिक परमुखापेक्षी हो गया, यह पीड़ित परिवार। बहन गोटे का काम करके धेला-पैसा जुटा ही लेती। पर उससे क्या बनता! तब छोटी दीदी के घर जा कुछ समय बिताना पड़ा। उन्हीं दुर्दिनों के हृदय-कम्पी संस्मरणों में लिखते हैं द्विवेदी जी-

"...शासन तो था ही। पोषण का यह हाल कि दोपहर को नाम मात्र का दाना मिल जाता था। रात में भूख से आंखों में आंसू आ जाते। सबके खा लेने पर अंत में बाबा की थाली में जो बचा-खुचा रहता खा लेता। बदन ढकने के लिए कोई साबुत कपड़ा नहीं। चीथड़ों की धोती में पचासों गांठ लगाकर पहनता था। किसी निरंकुश नृपति के शासन में जनता की जो दीन-हीन हालत होती है, वह मेरी भी थी। जीजी क्या करती! वह भी तो पराधीन थी...।"

हिंदी मिडिल से अधिक पढ़ न पाए। कुछ सुविधाएं दीखते हुए भी उस ओर कोई खास दिलचस्पी न रही। मधुकरी-स्वभाव के कारण, यह सब आल-जाल छोड़ निराधार ही निकल पड़े आधार की खोज में।

बहन यह सब उच्छृंखलता कब सहन करती! आवेश में असहयोग कर बैठी। घर पर रोटी, रहना सब बंद हो गया। तब इधर-उधर क्षेत्रों में जो कुछ रूखा-सूखा मिलता खा लेते और कहीं साए के सहारे सो जाते।

मृग-शावक का-सा तृणवत शरीर नंगे पांव, नंगे बदन, बालिस्तभर का टुकड़ा लपेटे इस भटकते हुए शिशु-संन्यासी को देख भला कोई क्या कल्पना करता होगा!

*

वाचनालय में जाने से एक दिन चौकीदार ने डपटकर रोक दिया-फटे-पुराने चीथड़े, अपढ़-अबूझ, गंवार से दीखने वाले बालक का भला पुस्तकों से क्या काम!

उसी दिन एक विरोध-पत्र 'आज' के संपादक के नाम भेज दिया। भाग्यवश जो छप भी गया। सबसे नीचे लिखा था—विद्यार्थी मुच्छन द्विवेदी! खुशी से उछलते-कूदते बहन के पास पहुंचे। रौब से दिखलाया अखबार। लेकिन, उन्होंने कोई विशेष ध्यान नहीं दिया। रामायण के अलावा उनके लिए सब शून्य था।

'उग्र' जी के पास जा एक दिन प्रार्थना की—'मेरा भी नाम छपवा दीजिए किसी किताब में।'

द्विवेदी मुच्छन पर एक कविता बनाकर 'उग्र' जी ने छपवा भी दी। पर वह ठीक न बैठी। तब उनके अग्रज त्रिदण्डी जी के पास पहुंची फरियाद। 'आज' में उन्होंने छपवा दिया—'प्रकाश पंचक'

'श्री प्रकाश को मूंछ है,
मुच्छन मुच्छ-विहीन
याते उनके लेख सब,
हैं कौड़ी के तीन।'

'आज' के संपादक उन दिनों श्री प्रकाश जी थे।

मुच्छन विशेष चर्चा के विषय बन गए। अखबारों में भी यदाकदा छपने लगे। तब रौब से घर के बाहर टिन के टुकड़े पर खड़िया से अंकित कर साइन-बोर्ड टंगवा दिया—मुच्छन द्विवेदी।

भला कब तक रहते मुच्छन! किन्हीं साहित्य-सेवी ने शांतिप्रिय नाम दे डाला। पर, आज भी क्या उस व्यक्ति में सहज ही मुच्छन के दर्शन नहीं होते।

*

'बूंद में है बाड़व की दाह' की तरह वह साधारण सा व्यक्तित्व साधना के साधक कैसी करुण कहानी है!

अविकसित अवयव। परिस्थितियों के भार, यातनाओं की मार से प्रताड़ित जो बेमौसम फूल की तरह अधमुन्दे ही रह गए; कंधों में झूलते लंबे बाल, अदना कद, ढीले-ढाले खादी के परिधान से ढका कृश गात, जिज्ञासु करुण नेत्र, स्वल्प-श्रवण, दयनीय-सी आकृति, जिसमें पुअरपन स्पष्ट झलक आता है। क्षण में तुष्टा, क्षण में रुष्ठा स्वभाव, सौंदर्य के उपासक, अभावों के झाड़-झंकाड़ में उगे, झंझा में पले, आंधी के अनाथ, वृद्ध बालक से दीखने वाले—यही हैं सरस्वती के मूक सेवी—शांतिप्रिय द्विवेदीजी का व्यक्तित्व। पहली बार देखने पर किसी अपरिचित को विश्वास न हो तो अचरज नहीं।

बचपन में 'प्रसादजी', श्री रायकृष्णदास तथा राष्ट्र कवि गुप्तजी के संसर्ग में रहने का सुअवसर मिला। प्रसादजी के 'इन्द्रजाल' का छोटा जादूगर तथा 'राज्य श्री' का शांति भिक्षु शांतिप्रियजी को लक्षित करके ही लिखा गया था।

स्वामी सत्यदेवजी की 'अमेरिका-भ्रमण' के पारायण के पश्चात शारीरिक श्रम के प्रति विशेष अनुराग हो चला। युनिवर्सिटी की इमारतों के लिए ईंटें ढोईं, पर दुर्बल तन साथ न दे सका।

'आज' में प्रूफ-रीडर, 'माधुरी' में क्लर्क, 'हंस' में सहायक और फिर 'वीणा' आदि में संपादक रहे। बाल्टी, टब और फिर तालाब। शनैः-शनैः क्षेत्र बढ़ता चला गया। लेकिन, किसी सीमा को स्वीकार न कर सके। अतः कहीं भी टिक न पाए। 'मौजी' और 'गोलमाल' में भी कुछ दिन कार्य करना पड़ा। हास्य से शून्य व्यक्ति का हास्य-प्रधान पत्रिकाओं में काम करना नियति का कैसा उपहास था।

द्विवेदीजी की गणना अपने समय के सर्वश्रेष्ठ समालोचकों में की जा सकती है। जैसा उनका आकार-प्रकार है, वैसी ही है उनकी छोटी-छोटी-सी दीखने वाली पुस्तकें। 'संचारिणी', 'साहित्यिकी', 'सामयिकी', 'पद्मनाभिका', 'युग और साहित्य', 'चारित' आदि साहित्य की प्रतिनिधि पुस्तकें हैं। 'ज्योतिविहग' प्रकृति के सुकुमार कवि पन्त के व्यक्तित्व एवं कृतित्व पर आधारित अनूठी कृति है। रवि बाबू की 'गीतांजलि' तथा 'शरदोत्सव' का बंगला से अनुवाद किया। 'पथ चिह्न' तथा 'परिव्राजक की प्रजा' मार्मिक संस्मरणों का संगह है। 'हिमानी', 'नीरव' सुकोमल कविता-संग्रह भी कभी प्रकाशित हुए थे। लेकिन, कविता का स्रोत जाने क्यों सूख गया? असफल कवि समालोचक बन जाता है—क्या इस कथन में सच ही कुछ तथ्य है।

*

मुच्छन के बदले लोग उन्हें शांतिप्रिय कहने लगे। शांतिप्रिय भला कौन नहीं है। पर मरीचिका की तरह वह किसी को मिल भी पाई!

रोटी! आज भी उनके सामने प्रश्न-चिह्न की तरह खड़ी है। 'सेक्स' की समस्या समस्या बनकर उलझ गई। साधन न जुटा पाने के कारण एक बार शायद तय करके भी शादी तय न हो पाई थी। केवल नाममात्र की आकाश-वृत्ति ही जिस शोषित साधक की जीविका का साधन हो, पैसे के पीछे दीवानी इस दुनिया में उसे भला कौन सहारा देता।

'...इतना पैसा रहने-खाने में खरचने के बाद भी, देखो, मैं भूखा ही रहता हूं। दो रोटी आज इस अवस्था में भी ऐसी नहीं मिल पातीं, जो बदन लग सके...।' अपनी पतली कलाई की उभरी नसों की ओर संकेत करते हुए एक दिन द्विवेदीजी कहने लगे।

जीवन की आवश्यकताएं ही पूरी न हो पाईं तो और सुविधाओं की कौन कहे। अंधेरे कमरे में तेल की डिबरी जलाए रात-रात भर जगने के कारण एक आंख में खराबी आ गई। आज भी अविरल जल प्रवाहित होता रहता है। न जाने कितनी सजल

स्मृतियां अनायास जग आती होंगी। लोग कहते हैं–साधक अपने खून से लिखते हैं। लेकिन, द्विवेदीजी के निर्बल शरीर में इतना रक्त नहीं दीखता कि उससे कुछ लिखा जा सके। इतनी सारी पुस्तकें फिर कैसे लिखी गईं? यह कम विस्मय का विषय नहीं।

लोग कर्तव्य से पलायन कर गए। साहित्य के नाम पर घासलेटी साहित्य लिखने लगे। पैसे और पद के पीछे अनेक बावले हो भागने लगे। प्रतिभाएं आज क्या से क्या हो गईं। लेकिन, शांतिप्रियजी कहीं भी न गए। भागने में न उनकी भावना है और उतनी सामर्थ्य ही। विस्मित दर्शक की तरह किनारे पर ही खड़े देखते रहे। लेकिन, दुनिया के पास इतना समय कहां?

'एशियाई लेखक सम्मेलन' के दिनों द्विवेदीजी दिल्ली आए हुए थे। एक दिन एकाएक राह चलते मिल गए। जिज्ञासा से देखते हुए बोले, 'सम्मेलन गए थे? आज क्या हुआ?'

'आप भी तो वहीं थे,' प्रत्युत्तर में मैंने कहा।

द्विवेदीजी के मर्म पर घन की सी चोट पड़ी। बतलाया कि दिनभर 'विज्ञान भवन' में बैठे रहे। पर स्वल्प-श्रवण के कारण पल्ले कुछ न पड़ा। हर सीट के सामने यंत्र (हैडफोन) रखा था। अगल-बगल दो महान महन्त विराजमान थे। उसके विषय में पूछा तो चुप-चुप कहते हुए उन्होंने चेतावनी दे दी कि 'डिस्टर्ब' न करें।

द्विवेदीजी चुप बैठे रहे। दूसरे ही दिन दिल्ली से भी कूच कर गए। औरों से सहानुभूति की, साधारण सद्‌भावना की आकांक्षा न रहे, लेकिन क्या साहित्य-सेवियों से भी ऐसी आशा संभव नहीं।

इस युग में द्विवेदीजी जैसे व्यक्ति का निर्वाह आसान नहीं।

एक बार दंगों के दिनों लखनऊ में बुरे फंस पड़े। दंगाइयों की भीड़ से भागने लगे, लेकिन, सकरी गली में मुसलमानों की दूसरी भीड़ से टकरा पड़े। घबराकर उन्हीं के पास जाकर बोले, 'मैं हिंदू हूं। हिंदू। मुसलमान लोग बलवा मचा रहे हैं। बतलाइए, मैं किधर भागूं?'

यह निरीहता देख सभी हंस पड़े और 'इधर से भागो' कहकर दूसरी गली की ओर इशारा कर दिया।

आज की दुनिया! ऐसा व्यक्ति!

आधुनिकता से संक्रामक रोग की तरह भागते हैं वह। उनके विचार में जिस दिन यह रोग चारों ओर घर कर जाएगा, कुछ भी न बचेगा तब। न मानव, न मानवता। केवल दो पाया पशु रह जाएगा–अपनी लीला अपनी आंखों देखने भर के लिए।

'गांव की ओर' गांधीजी के इस कथन पर उनकी पूर्ण आस्था है। इस युग के अभिशापों से बचने के लिए 'हिमानी' का कवि आर्त्तवाणी पुकार-पुकार कर कह उठता है–

'चलो, चलो, हम वहीं चलें फिर
लेकर अपनी क्षीण पुकार,
नदियों से हम पानी मांगें,
वसुधा से चावल दो-चार।'

❑

(सन् : 1959)